EDIÇÕES BESTBOLSO

Perdas & ganhos

Lya Luft começou sua carreira literária em 1980, com a publicação do romance ***As parceiras***, seguido de ***A asa esquerda do anjo*** (1981), ***Reunião de família*** (1982), ***Mulher no palco*** (1984), ***O quarto fechado*** (1984), ***Exílio*** (1987), ***O lado fatal*** (1988), ***A sentinela*** (1994), ***O rio do meio*** (1996 – Prêmio da Associação Paulista de Críticos de Arte), ***Secreta mirada*** (1997), ***O ponto cego*** (1999), ***Histórias do tempo*** (2000), ***Mar de dentro*** (2002), ***Perdas & ganhos*** (2003), ***Pensar é transgredir*** (2004) e, no mesmo ano, ***Histórias de bruxa boa***, sua estreia na literatura infantil, tema que retomaria em 2007 com ***A volta da bruxa boa***. Em 2005 publicou o volume de poesias ***Para não dizer adeus*** e, em 2006, a coletânea de crônicas ***Em outras palavras***. Formada em Letras Anglo-germânicas e com mestrados em Literatura Brasileira e Linguística Aplicada, Lya trabalha desde os 20 anos como tradutora de alemão e inglês, e já verteu para o português obras de autores consagrados, como Virginia Woolf, Günter Grass, Thomas Mann e Doris Lessing. Lya Luft foi agraciada duas vezes com o Prêmio Recordista do Grupo Editorial Record, pelo sucesso de vendas dos livros ***Perdas & ganhos*** (2005) e ***Pensar é transgredir*** (2006). ***Perdas & ganhos*** vendeu quase um milhão de exemplares e ficou 113 semanas na lista dos mais vendidos. Desde 2004, Lya assina a coluna Ponto de Vista, da revista ***Veja***.

Lya Luft

Perdas & Ganhos

7ª edição

EDIÇÕES
BestBolso
RIO DE JANEIRO – 2023

Cip-Brasil. Catalogação na fonte
Sindicato Nacional dos Editores de Livros, RJ

L975p Luft, Lya, 1938-
7ª ed. Perdas & ganhos / Lya Luft. – 7ª edição – Rio de Janeiro: BestBolso, 2023.

ISBN 978-85-7799-134-1

1. Luft, Lya, 1938-. 2. Mulheres – Conduta. 3. Mulheres – Psicologia. I. Título.

09-0429

CDD: 155.633
CDU: 159.922.1-055.2

Perdas & ganhos, de autoria de Lya Luft.
Título número 102 das Edições BestBolso.
Texto revisado conforme o Acordo Ortográfico da Língua Portuguesa.

www.edicoesbestbolso.com.br

Design de capa: adaptação a partir da capa publicada pela Editora Record (Evelyn Grumach, 2003) sobre pintura de Lena Bergstein.

Impresso no Brasil

ISBN 978-85-7799-134-1

"Desde os 6 anos eu tinha mania de desenhar a forma dos objetos. Por volta dos 50 havia publicado uma infinidade de desenhos, mas tudo o que produzi antes dos 60 não deve ser levado em conta. Aos 73 compreendi mais ou menos a estrutura da verdadeira natureza, as plantas, as árvores, os pássaros, os peixes e os insetos. Em consequência, aos 80 terei feito ainda mais progresso. Aos 90 penetrarei no mistério das coisas; aos 100, terei decididamente chegado a um grau de maravilhamento – e quando eu tiver 110 anos, para mim, seja um ponto ou uma linha, tudo será vivo."

(Katsuhika Hokusai, sécs. XVIII-XIX)

Para Fabiana e Fernanda
– e Rodrigo –,
que fazem parte dos ganhos

Convite

Não sou a areia
onde se desenha um par de asas
ou grades diante de uma janela
Não sou apenas a pedra que rola
nas marés do mundo,
em cada praia renascendo outra.
Sou a orelha encostada na concha
da vida, sou construção e desmoronamento,
servo e senhor, e sou
mistério.

A quatro mãos escrevemos o roteiro
para o palco de meu tempo:
o meu destino e eu.
Nem sempre estamos afinados,
nem sempre nos levamos
a sério.

Procurando o tom

Que livro é este?

Talvez um complemento ao ***Rio do meio***, de 1996.

Escrito na mesma linha, retomando vários dos que são meus temas. Toda a minha obra é elíptica ou circular: tramas e personagens espiam aqui e ali com nova máscara. Fazem isso porque não se esgotaram em mim, ainda os vou narrando. Provavelmente assim continuarei até a última linha do derradeiro livro.

Que livro é este, então?

Eu não o chamaria de "ensaios", porque o tom solene e a fundamentação teórica que o termo sugere não são jeito meu. Certamente não é romance nem ficção. Também não são ensinamentos – que não os tenho para dar.

Como em muitos campos de atividade, surgem novos modos de trabalhar ou criar que precisam de novos nomes. Cada um dê a esta narrativa o nome que quiser. Para mim é aquela mesma fala no ouvido do leitor, que tanto me agrada e faço em romances ou poemas – um chamado para que ele venha pensar comigo.

O que escrevo nasce de meu próprio amadurecimento, um trajeto de altos e baixos, pontos luminosos e zonas de sombra. Nesse curso entendi que a vida não tece apenas uma teia de perdas, mas nos proporciona uma sucessão de ganhos.

O equilíbrio da balança depende muito do que soubermos e quisermos enxergar.

ENCONTRO UM AMIGO, pianista consagrado, e conto que estou começando um livro, mas como sempre no início de um novo trabalho ainda estou buscando "o tom" certo.

Ele acha graça, então escritor procura o tom? Rimos, porque acabamos descobrindo que os dois buscamos a mesma coisa: encontrar o nosso tom. O da nossa linguagem, da nossa arte, e – isso vale para qualquer pessoa – o tom da nossa vida. Em que tom a queremos viver? (Não perguntei como somos ***condenados*** a viver.)

Em meios-tons melancólicos, em tons mais claros, com pressa e superficialidade ou alternando alegria e prazer com momentos profundos e reflexivos.

Apenas correndo pela superfície ou de vez em quando mergulhando em águas profundas.

Distraídos pelo barulho em torno ou escutando as vozes nas pausas e nos silêncios – a nossa voz, a voz do outro.

Nosso tom será o de suspeita e desconfiança ou serão varandas abrindo para a paisagem além de qualquer limite?

Parte disso depende de nós.

No instrumento de nossa orquestração somos – junto com fatalidades, genética e acaso – os afinadores e os artistas. Somos, antes disso, construtores de nosso instrumento. O que torna a lida mais difícil, porém muito mais instigante.

Sento-me aqui no computador e penso no tom deste livro, que preciso encontrar. Eu o sinto, neste momento inicial, um murmurar para o leitor:

" ***Vem refletir comigo, vem me ajudar a indagar.***"

Embora seja uma fala íntima, este pode parecer em certos momentos um livro cruel: digo que somos importantes, e bons, e capazes, mas também digo que somos tantas vezes fúteis, que somos medíocres demasiadas vezes. Digo que poderíamos ser muito mais felizes do que geralmente nos permitimos ser, mas temos medo dos preços a pagar. Somos covardes.

Mas há de ser um livro esperançoso: sou dos que acreditam que a felicidade é possível, que o amor é possível, que não existe só desencontro e traição, mas ternura, amizade, compaixão, ética e delicadeza.

Penso que no curso de nossa existência precisamos aprender essa desacreditada coisa chamada "ser feliz". (Vejo sobrancelhas arqueando-se ironicamente diante dessa minha romântica afirmação.)

Cada um em seu caminho e com suas singularidades.

NA ARTE COMO nas relações humanas, que incluem os diversos laços amorosos, nadamos contra a correnteza. Tentamos o impossível: a fusão total não existe, o partilhamento completo é inexequível. O essencial nem pode ser compartilhado: é descoberta e susto, glória ou danação de cada um – solitariamente.

Porém numa conversa ou num silêncio, num olhar, num gesto de amor como numa obra de arte, pode-se abrir uma fresta. Espiarão juntos, artista e seu espectador ou seu leitor – como dois amantes.

E assim, rasgando joelhos e mãos, a gente afinal vai.

Por isso escrevo e escreverei: para instigar o meu leitor imaginário – substituto dos amigos imaginários da infância? – a buscar em si e compartir comigo tantas inquietações quanto ao que estamos fazendo com o tempo que nos é dado.

Pois viver deveria ser – até o último pensamento e o derradeiro olhar – transformar-se.

O que escrevo aqui não são simples devaneios. Sou uma mulher do meu tempo, e dele quero dar testemunho do jeito que posso: soltando minhas fantasias ou escrevendo sobre dor e perplexidade, contradição e grandeza; sobre doença e morte. Lamentando a palavra na hora errada e o silêncio na hora em que teria sido melhor falar.

Escrevo continuamente sobre sermos responsáveis e inocentes em relação ao que nos acontece.

Somos autores de boa parte de nossas escolhas e omissões, nossa audácia ou acomodação, nossa esperança e fraternidade ou nossa desconfiança. Sobretudo, devemos resolver como empregamos e saboreamos ***nosso tempo, que é afinal sempre o tempo presente.***

Mas somos inocentes das fatalidades e dos acasos brutais que nos roubam amores, pessoas, saúde, emprego, segurança, ideais.

De modo que minha perspectiva do ser humano, de mim mesma, é tão contraditória quanto, instigantemente, somos.

Somos transição, somos processo. E isso nos perturba.

O fluxo de dias e anos, décadas, serve para crescer e acumular, não só perder e limitar. Dessa perspectiva nos tornaremos senhores, não servos. Pessoas, não pequenos animais atordoados que correm sem saber ao certo por quê.

Se meu leitor e eu acertarmos nosso tom recíproco, este monólogo inicial será um diálogo – ainda que eu jamais venha a contemplar o rosto do outro que afinal se torna parte de mim.

Então a minha arte terá atingido algum tipo de objetivo.

Desenhando no fundo do espelho

Fruto de enganos ou de amor,
nasço de minha própria contradição.
O contorno da boca,
a forma da mão, o jeito de andar
(sonhos e temores incluídos)
virão desses que me formaram.
Mas o que eu traçar no espelho
há de se armar também
segundo o meu desejo.

Terei meu par de asas
cujo voo se levanta desses
que me dão a sombra onde eu cresço
– como, debaixo da árvore,
um caule
e sua flor.

A marca no flanco

O ***mundo não tem sentido sem o nosso olhar*** que lhe atribui forma, sem o nosso pensamento que lhe confere alguma ordem.

É uma ideia assustadora: vivemos segundo o nosso ponto de vista, com ele sobrevivemos ou naufragamos. Explodimos ou congelamos conforme nossa abertura ou exclusão em relação ao mundo.

E o que configura essa perspectiva nossa?

Ela se inaugura na infância, com suas carências nem sempre explicáveis. Mesmo se fomos amados, sofremos de uma insegurança elementar. Ainda que protegidos, seremos expostos a fatalidades e imprevistos contra os quais nada nos defende. Temos de criar barreiras e ao mesmo tempo lançar pontes com o que nos rodeia e o que ainda nos espera. Toda essa trama de encontro e separação, terror e êxtase encadeados, matéria da nossa existência, começa antes de nascermos.

Mas não somos apenas levados à revelia numa torrente. ***Somos participantes.***

Nisso reside nossa possível tragédia: o desperdício de uma vida com seus talentos truncados se não conseguirmos ver ou não tivermos audácia para mudar para melhor – em qualquer momento e em qualquer idade.

A elaboração desse "nós" iniciado na infância ergue as paredes da maturidade e culmina no telhado da velhice, que é coroamento embora em geral seja visto como deterioração.

Nesse trabalho nossa mão se junta às dos muitos que nos formam. Libertando-nos deles com o amadurecimento, vamos montando uma figura: quem queremos ser, quem pensamos que devemos ser – quem achamos que ***merecemos ser.***

Nessa casa, a casa da alma e a casa do corpo, não seremos apenas fantoches que vagam, mas guerreiros que pensam e decidem.

Constituir um ser humano, um nós, é trabalho que não dá férias nem concede descanso: haverá paredes frágeis, cálculos malfeitos, rachaduras. Quem sabe um pedaço que vai desabar. Mas se abrirão também janelas para a paisagem e varandas para o sol.

O que se produzir – casa habitável ou ruína estéril – será a soma do que pensaram e pensamos de nós, do quanto nos amaram e nos amamos, do que nos fizeram pensar que valemos e do que fizemos para confirmar ou mudar isso, esse selo, sinete, essa marca.

Porém isso ainda seria simples demais: nessa argamassa misturam-se boa vontade e equívocos, sedução e celebração, palavras amorosas e convites recusados. Participamos de uma singular dança de máscaras sobrepostas, atrás das quais somos o objeto de nossa própria inquietação. Nem inteiramente vítimas nem totalmente senhores, cada momento de cada dia um desafio.

Essa ambiguidade nos dilacera e nos alimenta. Nos faz humanos.

No prazo de minha existência completarei o projeto que me foi proposto, aos poucos tomando conta dessa tela e do pincel.

Nos primeiros anos quase tudo foi obra do ambiente em que nasci: família, escola, janelas pelas quais me ensinaram a olhar, abrigo ou prisão, expectativa ou condenação.

Logo não terei mais a desculpa dos outros: pai e mãe amorosos ou hostis, bondosos ou indiferentes, sofrendo de todas as naturais fraquezas da condição humana que só quando adultos reconhecemos. Por fim havemos de constatar: meu pai, minha mãe, eram apenas gente como eu. Fizeram o que sabiam, o que podiam fazer.

E eu... e eu?

Marcados pelo que nos transmitem os outros, seremos malabaristas em nosso próprio picadeiro. A rede estendida por baixo é tecida de dois fios enlaçados: um nasce dos que nos geraram e criaram; o outro vem de nós, da nossa crença ou nossa esperança.

MUITO ESCUTEI na infância: "***Criança não pensa.***"

Criança pensa. Mas faz também algo mais importante, que amadurecendo desaprendemos: ela ***é.*** Contemplando uma mancha na parede, um inseto no capim ou a revelação de uma rosa, ela não está apenas olhando. ***Está sendo*** tudo isso em que se concentra. Ela ***é*** o besouro, a figura na parede, ela é a flor, o vento e o silêncio.

Da mesma forma ***ela é*** a frieza ou a angústia dos adultos, sua superficialidade e frieza ou seu amor verdadeiro.

E precisa que às vezes a deixem quieta, sem exigir que a toda hora se mexa, corra, fale, brinque, como se contemplação fosse doença.

A criança imersa em seu ambiente participa de um processo maior do que ela, no qual desabrocha com pouca consciência. Porém ela tem algo mais valioso do que consciência: tem intuição de tudo, tem o ***saber inocente.***

Perderemos essa sabedoria da inocência na medida em que formos domesticados, necessariamente encaixados na realidade em torno.

Queiram os deuses que nesse processo de domesticação a gente consiga preservar a capacidade de sonhar. Pois a utopia será o terreno da nossa liberdade. Ou acabaremos como focas treinadas cumprindo corretamente nossas tarefas, mas soterrando aquilo que chamamos psique, eu, self, ou simplesmente ***alma.***

Seremos roídos pela futilidade, tão mortal quanto a pior doença: ataca a alma, deixando-a porosa e quebradiça como certos esqueletos.

A alma com osteoporose.

Uma criança é sobretudo a sua própria dimensão na qual o tempo, os aromas e as texturas, as presenças e emoções são a sua realidade peculiar.

Isso alguma vez tentei explicar naquele tempo com minhas palavras hesitantes. Ninguém parecia entender – ou não estavam muito interessados. Então eu armava tudo em histórias que recitava para mim mesma como rezas de bruxas. Adulta, acabei fazendo algo parecido ao escrever romances e outros livros – como este.

Compreendi que a aparente indiferença dos outros com minhas imaginações infantis não era porque estivessem desinteressados ou eu não soubesse explicar direito. Era porque o pensado e o real não se distinguem nem cabem em palavras, e isso não se comunica.

MAIS UMA VEZ um livro meu se funda na ideia da família.

Tenho incansavelmente escrito sobre ela.

Somos marcados pelo olhar profético que nos lançaram em pequenos, como a maldição ou bênção das fadas nos contos infantis.

Os dramáticos ou trágicos personagens que inventei em meus romances foram frutos de famílias particularmente doentes onde imperavam o desamor, a hipocrisia, o isolamento. Às vezes eram inibidos pela impossibilidade de manifestar afetos – que murchavam sem serem exercidos.

Se viver sozinho já é duro, viver em família pode ser onerado e oneroso. Sofremos com a precariedade dos laços amorosos. Sofremos com falta de dinheiro e tempo. Sofremos com a necessidade de suprir cada vez mais os mandatos do consumo. Sofremos com o pouco espaço para diálogo, ternura, solidariedade dentro da própria casa. Principalmente, não temos tempo ou disponibilidade para o natural exercício da alegria do afeto.

Crianças, seja em que família for, serão seguramente – não principalmente – um problema e uma tarefa. Para que nos signifiquem alegria nós as teremos de querer e amar. Fazer da casa o ninho, não a jaula, começará antes daquele primeiro toque e olhar sobre um filho que acaba de nascer.

A infância é o chão sobre o qual caminharemos o resto de nossos dias. Se for esburacado demais vamos tropeçar mais, cair com mais facilidade e quebrar a cara – o que pode até ser saudável, pois nos dará chance de reconstruirmos nosso rosto. Quem sabe um rosto mais autêntico. Mas às vezes ficaremos paralisados.

Em plena maturidade sinto em mim a menina assombrada com a beleza da chuva que chega sobre as árvores num jardim de muitas décadas atrás. Tudo aquilo é para sempre meu, ainda que as pessoas amadas partam, que a casa seja vendida, que eu já não seja aquela.

Para isso precisei abrir em mim um espaço onde abrigar as coisas positivas, e desejei que fosse maior do que o local onde inevitavelmente eu armazenaria as ruins.

Os contornos desse ***eu*** que me propuseram precisaram ser ampliados segundo o meu jeito, para que, dentro de todas as minhas limitações, eu pudesse me abrir e acolher a vida em constante transformação.

Boa parte do tempo andamos meio às cegas, avançando por erro e tentativa, tateando entre os desafios de cada dia. Sobre essa terra firme ou areia traiçoeira teremos de erguer a nossa casa pessoal feita ***em parte*** desses materiais brutos. Nem tudo pode ser programado. Os cálculos têm resultados imprevistos. Misturamos em nós possibilidade de sonhar e necessidade de rastejar, medo e fervor.

Talvez seja utopia, mas se eu não deixar que se embote a minha sensibilidade, quando envelhecer, em vez de estar ressequida eu terei chegado ao máximo exercício de meus afetos.

TUDO SE COMPLICA porque trazemos nosso equipamento psíquico. ***Nascemos do jeito que somos***: algo em nós é imutável, nossa essência são paredes difíceis de escalar, fortes demais para admitir aberturas. Essa batalha será a de toda a nossa existência.

As ferramentas para executarmos a tarefa de viver podem ser precárias. Isso quer dizer: algumas pessoas nascem mais frágeis que outras. Um bebê pode ser mais tristonho do que seu irmão mais vital. Não é uma sentença, mas um aviso da madrasta Natureza.

O meu diminuto jardim me ensina diariamente que há plantas que nascem fortes, outras malformadas; algumas são atingidas por doença ou fatalidade em plena juventude; outras na velhice retorcida ainda conseguem dar flor.

Essa mesma condição é a nossa, com uma diferença dramática: a gente pode pensar. Pode exercer uma relativa liberdade. Dentro de certos limites, podemos intervir.

Por isso, mais uma vez, ***somos responsáveis***, também por nós. Somos no mínimo ***co-responsáveis*** pelo que fazemos com a bagagem que nos deram para esse trajeto entre nascer e morrer.

Carregamos muito peso inútil. Largamos no caminho objetos que poderiam ser preciosos e recolhemos inutilidades. Corremos sem parar até aquele fim temido, raramente nos sentamos para olhar em torno, avaliar o caminho, e modificar ou manter nosso projeto pessoal.

Ou nem tínhamos desejos pessoais. Nos diluímos nas águas da sorte ou da vontade alheia. Ficamos tênues demais para reagir. Somos os que se encolhem nos cantos ou sentam na beirada da poltrona nos salões da vida.

Cada desperdício de um destino, um indivíduo que se proíbe de se desenvolver naturalmente conforme suas capacidades ou até além delas, me parece tão trágico e tão importante quanto uma guerra. Pois é a derrota de um ser humano – que vale tanto quanto milhares.

Não devíamos escrever artigos e fazer passeatas apenas contra a guerra, a violência, a corrupção e a pobreza, mas proclamar a importância do que semearam em nós, indivíduos. De como o devemos cuidar no tempo que nos foi dado para essa jardinagem singular.

SE INSISTO na importância do olhar fundamental me conduzindo por um caminho ou outro, não estarei atribuindo excessiva ***responsabilidade à família*** primeira – aos pais?

Penso que é assim.

O amor primeiro, aquele entre pais e filhos, vai determinar nossa expectativa de todos os amores que teremos. Nossa vivência inicial vai marcar muitas de nossas vivências futuras.

Por isso, ter filhos e criá-los é cada dia gerar e pari-los outra vez, sem descanso.

Todo amor tem ou é crise, todo amor exige paciência, bom humor, tolerância e firmeza em doses sempre incertas. Não há receitas nem escola para se ensinar a amar. Uma arena de combates destrutivos me prepara tão mal para ser uma pessoa inteira quanto o sossego artificial dos problemas ignorados. Lutas podem ser positivas, competição faz crescer; amar é impor e aceitar limites.

A relação familiar ocorre entre personalidades diferentes ou até antagônicas, predeterminadas a viverem longo tempo entre quatro paredes de uma mesma casa (sem possibilidade de divórcio se forem pais e filhos), reunidos num caldeirão fervente de desencontros e desconsertos:

"***Sempre senti que minha mãe não sabia bem o que fazer comigo!***"

"***Meu filho desde bebê parecia sempre desconfortável, até nos meus braços.***"

"***Nunca entendi o que realmente meu pai queria de mim, era sempre um estranho.***"

"***Qualquer coisa química, de pele, não funcionava entre minha mãe e eu, a gente não gostava de se abraçar.***"

"***Vivemos sempre em universos diferentes e distantes um do outro.***"

"***Nunca consegui agradar à minha mãe, ela me criticava o tempo todo, e, mesmo agora que sou adulta e ela bem idosa, continuamos no mesmo tom.***"

"***Meu pai parecia irritado só de me olhar. Me cobrava tudo. Por mais que eu me esforçasse, sempre me sentia seu devedor.***"

Esse grupo familiar que não escolhemos e nos define tanto pode ser um porto confiável de onde partimos e ao qual podemos retornar, ainda que em pensamento. Aquele lugar que será sempre o ***meu lugar***, mesmo que eu já não viva nele.

Mas é necessário cortar com o que ele eventualmente tem de sufocante: pois pode ser também jaula, voragem, fundo de poço. Se ficarmos demais presos, teremos de nos puxar pelos próprios cabelos para outro espaço onde mesmo com susto e incertezas a gente possa respirar e decidir o que fazer agora.

Não podemos alterar o passado. Dramas familiares podem ser raízes venenosas por baixo da terra do convívio ou da alma. A lei do silêncio, do segredo obsessivo, pode constituir grave perturbação. Mas podemos mudar nossa postura em relação a tudo isso, ainda que em longos e dolorosos processos, que significarão a diferença entre vida e morte.

Posso me libertar. Posso me reprogramar para discernir o que é para mim, neste momento, o "melhor" – ou o possível.

Meu conceito de mundo inibe minhas decisões e me consome e faz encolher, ou me força a enfrentar alternativas. Nessa hora entrarão em jogo a minha bagagem inata, o que eu tiver construído em mim, os recursos aos quais posso apelar – e minha confiança de que posso realizar isso.

Não comandamos o destino das pessoas amadas, nem ao menos podemos sofrer em lugar delas, mas ***ter filhos é ser gravemente responsável.*** Não apenas por comida, escola, saúde, mas pela personalidade desses filhos: mais complicado do que garantir uma sobrevivência física saudável.

Não significa que nós os formamos ou deformamos como deuses onipotentes. Ao contrário, parte do drama de paternidade e maternidade é não podermos viver por eles nem os preservar de seus destinos. Fazer suas opções. Mas seguramente nossa maneira de ser, de viver e de pensar quando ainda eram pequenos, quando ainda pareciam "nossos", vai influir em tudo isso.

Não defendo os pais vítimas, que "por amor aos filhos" desistem de sua própria vida. Não admiro a mãe sacrificial que anula sua personalidade com a mesma alegação, para no fundo culpabilizar os filhos e lhes cobrar o que lhe "devem" e até o que "não devem".

Mas será sobre nós, nossa esperança ou pessimismo, nosso afeto ou frieza, que os filhos darão os primeiros de seus muitos passos. E farão isso com seus filhos futuramente. Serão tão fundamentais para eles quanto os pais de nossos pais foram na geração anterior.

Atrás e à frente de cada casal humano estende-se uma longa cadeia de erros e acertos geradores de humanidade.

NASCEMOS COM TODA a carga de nossa genética física e psíquica. ***Mas não somos apenas isso.*** Somos em parte resultado do que foram nossos pais. ***Mas não somos apenas isso.***

A sociedade em que vivemos tem muitos olhos e braços, que nos vigiam e interferem em nossa realidade. Um deles chama-se ***opinião alheia.*** Não a de algumas pessoas amadas e respeitadas, mas essa entidade informe, onipresente, quase onipotente, do "o que eles vão pensar". Sem pedir licença, entra em nossa casa e nossa consciência, limitando, podando.

Fora das paredes domésticas, nossa inserção em uma cultura tem uma força inaudita. Para superá-la precisamos de discernimento, não propriamente um dote da juventude. Até chegarmos à maturidade somos muito mais vulneráveis a essa pressão que, vindo de fora, nos vara e lá se estabelece.

Adolescente numa cidade do interior onde o comportamento era ditado por essa criatura sem rosto – e de tantos rostos –, muito me apoiou o que se ensinava em minha casa: a opinião alheia realmente não interessava. Haveria umas poucas pessoas às quais, por respeito e afeto, eu quereria prestar contas – seriam meus referenciais em muita coisa.

Muito do que nos legaram pode ser reprogramado; somos fruto mas não escravos, o olhar primordial que nos saudou não é necessariamente uma sentença de morte. Podemos – tarefa ingrata – fazer nossos acréscimos, escrever uma "errata" sobre o texto daquele prefácio de nós.

Mas quem nos dará sugestões, quem nos pode ajudar se somos também pré-formados, pré-fabricados e condicionados? Quem vai destramar esses fios, onde começamos nós e termina a influência de tantos?

Por isso somos buscantes, inquietos, naturalmente insatisfeitos. ***Não condenados***: somos livres para muitas decisões. A partir de quando pude ter algum discernimento, o que fiz para continuar sendo – ou melhorando – isto que agora sou? Como fui me tornando um indivíduo que cultiva liberdade mas também respeito e ternura pelo outro? Como me posicionei em relação a essa entidade anônima e poderosa que se chama ***os outros,*** que pode ser amável e cruel?

Nossa visão imprecisa se define mais com o amadurecimento e a reflexão. Forma-se o que chamamos personalidade, opinião própria, atitude. De mil maneiras mostraremos o lugar que pretendemos ocupar: pela escolha das nossas roupas, da profissão, do parceiro, de tudo. Sobretudo no inconsciente eu me comportarei conforme a confiança, a suspeita, o entusiasmo ou o ceticismo que me caracterizam.

Dando aulas em uma faculdade eu insistia com aqueles jovens:

"Vocês são melhores do que pensam. São mais inteligentes e mais capazes do que pensam, mais, inclusive, do que nós adultos – pais e professores –, sem querer os fazemos acreditar que são..."

Ensinamos aos nossos filhos que são belos e bons, que são príncipes do espírito... fazemos com que se sintam uns coitados, uns estorvos, motivo de preocupação e desgaste, de brigas e de arrependimento, lançados numa aventura fadada ao fracasso?

Por que criamos almas subalternas se podíamos criar almas livres?

A pergunta pode parecer cínica tendo em vista a complexidade de nossas estruturas sociais e de oportunidades de desenvolvimento, mas é preciso explicar. Sugerindo que nossos filhos deviam sentir-se príncipes e princesas, é óbvio que não penso em luxo ou posição social, muito menos arrogância, atributo dos medíocres.

Autoestima é o que me vem à mente.

Visão positiva, não cor-de-rosa ou irreal, significando confiança. Capacidade de alegria, busca de felicidade, crenças. O que de melhor posso fazer, como ser inteiro e feliz, dentro de minhas possibilidades – que geralmente extrapolam aquilo em que acreditamos ou nos fazem crer. Por isso eu dizia aos meus alunos: vocês são melhores do que pensam.

Autoestima me lembra o que dizia meu amado Erico Verissimo: ***"Eu me amo mas não me admiro."***

Tem a ver com superar o confortável espírito de rebanho: formar e sustentar opiniões próprias. Não com viver desdenhosamente à margem, mas enfrentar o risco de algum isolamento. Não vender a alma a qualquer preço por qualquer companhia, mas selecionar os amados eleitos, os amigos leais, os mestres e modelos sensatos. Até mesmo a profissão mais adequada, a que nos dê mais prazer, se é que podemos fazer essa escolha: temos de pegar qualquer atividade quando se trata de sobreviver.

Falar é fácil... Eu sei.

Mudanças produzem ansiedade.

Tentar sair do emprego em que me pagam mal ou estou infeliz; enfrentar pai ou mãe opressivos; romper um relacionamento amoroso que me diminui ou esmaga; evitar um convívio em que um se anula para que o outro tripudie, num processo de servidão que gera ressentimento e culpa.

Sair do estabelecido e habitual, mesmo ruim, é sempre perturbador.

O desejo de ser mais livre é forte, o medo de sair da situação conhecida, por pior que ela seja, pode ser maior ainda. Para nos reorganizarmos precisamos nos desmontar, refazer esse enigma nosso e descobrir qual é, afinal, o projeto de cada um de nós.

"***Mas a família* não tem mais essa importância que você lhe atribui**", objetarão. "***A gente é muito mais livre, os compromissos são mais frouxos. Tudo mudou.***"

Não: ***quase tudo*** mudou. A essência permanece a mesma: a nossa essência.

Vertiginosamente no século passado a sociedade mudou, a família mudou. Transformou-se a cultura, evoluíram tecnologia e ciências, tudo avança em uma velocidade inimaginável há 50 anos.

Porém as emoções humanas não mudaram.

Nem ao menos somos originais. Nossos desejos básicos hão de ser os mesmos: segurança, afeto, liberdade, parceria; sentir-me integrado na sociedade ou na família, ser importante para meu grupo ou ao menos para uma pessoa – aquela que é o meu amor. Não preciso ser um rei para ser importante, mas devo ***me sentir apreciado.***

Isso me determinará tanto quanto o primeiro olhar que incidiu sobre mim. Devo me considerar capaz e merecedor, sem megalomania, sem alienação. Dentro do que está aí para que eu o escolha, o modifique, o faça meu.

Não tem a ver com dinheiro, posição social, nem com soberba, mas com o modo como somos avaliados – por nós e pelos que amamos. Minhas ações e desistências nascem desse conceito primeiro.

Não importa se sou operário, doméstica, motorista, camponês ou alto executivo, atriz vitoriosa ou obscura balconista: gosto de mim na medida em que acredito na minha dignidade, quero me expandir conforme meu valor. E também segundo acho que vale a pena esse salto, esse crescimento, essa entrega. Depende de minha confiança.

Isso tudo não se instalou em nós através de palavras ensaiadas para ocasiões especiais ou crises. Estrutura-se subliminarmente no convívio diário, paira no ambiente, brilha na pele.

Volto à família: um ambiente duro em casa não prepara para enfrentar a dureza da vida, como alguns preconizam. Ao contrário: para saber me defender no terreno violento em que vivemos preciso ter uma sólida raiz de afetos.

Esse é o alimento mais importante que me podem dar desde o berço. Ele nutre minha alma, e é com ela que conquistarei o meu lugar: o meu lugar na minha casa, no meu casamento, na minha família, na minha sala de aula, no meu escritório, na minha fábrica, na minha rua. Mas tem de ser acima de tudo isso o meu lugar diante de mim mesmo. Que não seja subalterno.

Se achar que não valho nada, serei nada. Deixarei que outros falem, decidam, vivam por mim. Porém, se acreditar que apesar dos naturais limites e do medo todo eu mereço uma dose de coisas positivas, vou lutar por isso.

Vou até permitir que os outros me amem.

GESTOS, SILÊNCIOS, palavras: criaturas vivas que na sombra do inconsciente armam laços e desarmam vidas.

Com elas construímos pontes em cima das águas turvas ou cavamos o fosso dos mal-entendidos. Uma boa parcela dos sofrimentos entre pessoas nasce do desencontro e da incomunicabilidade.

"Eu sempre tive certeza de que nossos pais preferiam você."

"Mas como! Eu é que sempre tive certeza de que gostavam muito mais de você."

"Você nunca disse que me amava, eu até achava que não era seu filho, que era filho adotado!"

"Mas como! Eu te cuidei, te protegi, te ensinei, te dei tudo o que podia... me consumi trabalhando mais do que devia para que não te faltasse nada... lavei suas roupas, cuidei de você nas doenças..."

"Mas aquela vez você disse... você fez... você parecia..."

"Mas não era nada disso!... você não entendeu direito... eu não soube me expressar bem."

Se a ferida for demais séria, diálogos ou explicações como esses não vão curar o que está gravado a fogo. Não basta uma noite de Natal ou um almoço em família para desfazê-lo.

Alguém me disse:

"Mas é assim mesmo, a gente não se entende. Somos todos uns pobres-diabos, todos complicados, todos inseguros e infelizes: como passar algo de bom para os filhos?"

Não concordo.

Não acho que sejamos pobres-diabos, nem que todos somos infelizes.

Somos complexos, isso sim: intrigantes, vulneráveis e passíveis de engano e erro. Somos também maravilhosas máquinas de afeto e ideias, de sonho, de produção da arte que transporta para além do trivial. Capazes de instaurar o mais simples cotidiano que dá segurança e aconchego.

Porém o amor – como o desamor – é uma tarefa trabalhosa. Que nos produz e nos recria a cada hora. Uma personalidade é um jogo de armar de emoções enoveladas, com peças difíceis de ajustar.

"*Sempre me disseram que eu era feia*", contou-me alguém, "*e me convenci de que não merecia ser apreciada, ser escolhida – em resumo, ser feliz*".

Outra pessoa me disse:

"***Eu era gordinha, mas meu pai sempre ressaltava que eu tinha olhos bonitos, era inteligente, era amada. Sem dizer expressamente, ele me ensinou que o físico deve ser cuidado, mas não é tudo, nem deve determinar o meu destino. Hoje, se alguém não me amasse porque não estou dentro dos padrões da moda, ele não me atrairia pelo seu modo de pensar.***"

A família nos fornece os primeiros critérios que podemos seguir ou infringir. Transgredi-los pode ser a salvação em muitos casos se nos esmagarem; mas que difícil, quase heroica tarefa. Porém ou nos libertamos até onde for possível, ou estarão ali atrás da porta a qualquer momento, mãos na cintura, mostrando a cara e pronunciando sua sentença. Que não será liberdade nem absolvição.

Ensinaram-me desde cedo que minha liberdade era essencial, que se ligava à minha dignidade, e que eu seria responsável por minhas escolhas. Mais: eu sabia que mesmo se tudo desse errado ***alguém sempre estaria ali para mim.***

Esse se tornou para mim o conceito básico de ***família: aquele grupo, ou aquela pessoa que, mesmo se não me compreende e às vezes nem aprova, me respeitará e amará como sou – ou como consigo ser.***

Em qualquer estágio esse sentimento básico de aprovação faz falta: sim, eu mereço viver bem. Mais tarde ainda pode-se desenvolver e reforçar, com experiências positivas, esforço pessoal e uma reeducação sentimental, o nível de nossa autoestima.

Autoconhecimento, um dos objetivos da terapia, apura a visão e leva a entender melhor, a conviver com feridas, a sobrenadar mesmo quando a onda é forte e feia. Sentir-se valorizado por alguém, amigo, amor, por um grupo, pode ser definitivo.

Mas nem tudo se resolve assim.

Algo elementar pode ter sido mais deletério do que podíamos suportar. Feridos de morte no início, passaremos o tempo espreitando para os lados: quem agora vai me ferir, de onde virá o próximo golpe, a próxima traição? Crescendo, amadurecendo e envelhecendo: com que olhar nos contemplamos?

Paramos eventualmente para olhar e questionar?

Nossa maneira de ver e viver reflete – e repete – aquela com que fomos vistos quando éramos somente reflexo no espelho, ou vamos formando uma postura própria com todo o esforço e dor que isso possa exigir?

Sendo contraditórios, somamos hesitação e medo com audácia e fervor. Podemos nos esconder no quarto escuro ou virar a cara para o sol, alternar as duas posturas, gastar e consumir, amealhar e multiplicar. Somos tudo isso. Nossa anistia ou nossa aniquilação.

Não é só culpa dos outros se ficamos truncados. Em cada estágio podemos colocar algum traço, algum ponto, alguma cor no projeto de quem pretendemos ser.

Podemos ser obrigados a usar disfarces, mas no centro de nós mesmos ressoa o nome que nos dermos: a nossa chancela.

Teorias da alma

Quanto mais recursos temos no campo da psicologia e dos novos conhecimentos sobre as relações humanas, mais inseguros estamos.

Quanto mais civilizados, menos naturais somos. Na época em que mais se fala em natureza estamos mais distantes dela. Ser natural passou a não ser natural.

Assim é com criar filho. Perplexos diante das mil teorias que nos batem à porta em toda a mídia, e da proliferação de consultórios com todo tipo de terapias (pelas razões mais singulares), estamos nos convencendo de que ter e criar filho não é lá muito natural.

Passamos do extremo antigo de achar que ***criança não pensa*** ao outro extremo: ***criança é complicação.*** Mil receitas de como tratar do bebê ao adolescente atormentam gerações de pais aflitos. A aflição não é boa conselheira. Afobado, aliás, a gente ama bem mal...

Esquecemos o melhor mestre: o bom senso. A escuta do que temos no nosso interior, aquela coisa antiquada chamada intuição, lembram? Claro que para isso precisamos ***ter*** bom senso e ter ***algo*** dentro de nós para ser escutado.

Ou cada vez que o bebê chorar desafinado, a criança ficar menos ativa (ela em geral está simplesmente pensando, querendo que finalmente a deixem um pouco quieta), vamos correndo procurar um especialista. Para que ele nos ensine a segurar o bebê, dar a mamadeira, olhar no olho, aconchegar ao peito a criança nossa de cada dia.

É que somos, além de aflitos, desorientados. Falta-nos o hábito de observar e de refletir. Preferimos evitar o espelho que faz olhar para dentro de nós. Cada vez mais amadurecemos tarde ou mal. Somos crianças tendo crianças.

Não gostamos de refletir e decidir: ***se a gente parar para pensar, tudo desmorona,*** me disse alguém. Temos receio de encontrar a ponta do fio dissimulada na confusão do novelo, e, puxando por ela, ver tudo se desmontar.

Mas pode ser positivo: poderíamos recolher os cacos e recomeçar. Quem sabe criar uma estrutura interior mais natural e melhor do que essa em que nos fundamos, e baseados nela dar aos filhos um legado – e um recado – tranquilo e positivo, que não está em livros e nem em consultórios.

Ser natural está em crise grave.

QUANDO A SOFISTICAÇÃO de usos e ferramentas se torna quase cotidiana, tendemos a usar de estratégias complexas também quando bastaria apelar para a simplicidade e a sensatez. Mesmo em ambientes onde predominam os bons afetos, começa antes do nascimento a confusão gerada por algumas teorias imprecisas ou receitas tolas que nada têm a ver com a psicologia-ciência, mas com isso que chamo ***psicologismo de revista.***

Quero reafirmar o meu apreço por profissionais da chamada área psi. Quatro anos de terapia me ajudaram a superar um período extremamente difícil. Sempre que posso homenageio a extraordinária profissional que me orientou.

Mais do que na maioria das profissões, esse é um território ao qual chegamos porque estamos sofrendo. Estamos vulneráveis e não conhecemos os meandros desse novo lugar. Desamparados, ficamos entregues ao profissional que nos vai cuidar.

Tenho observado algumas jovens que atendem seus pacientes, adultos ou adolescentes, em roupas mais adequadas à danceteria do que à gravidade de um consultório. Nunca me canso de comentar que ali vamos fazer algo mais grave ainda do que remendar as entranhas numa mesa cirúrgica: tentamos remendar a nossa pobre alma.

Aparência de garotinhas, minissaia, blusa de alcinhas, maquiagem carregada, trejeitos infantis ao falar, podem disfarçar uma bagagem bem respeitável de informações e teorias. Mas eu, que não sou nem pudica nem moralista, imagino se inspiram confiança nos aflitos que as procuram; se lhes podem oferecer apoio, sobretudo orientação.

Lembro aqui a história do grupo de médicos residentes que fazia a ronda com seu professor por uma enfermaria de hospital. Uma das jovens médicas, vestida precariamente, procurou o mestre e lhe falou no ouvido:

"***Professor, quando cheguei perto, o paciente do leito 14 começou a se masturbar.***"

O professor olhou-a de alto a baixo e disse tranquilamente:

"***Minha filha, cubra-se.***"

Não acho que as profissionais da área psi devam ser venerandas matronas. Mas não perturbem ainda mais quem a elas recorre, mostrando-lhe sua própria alma de minissaia.

Pode parecer engraçado, mas eu levo isso muito a sério.

Levo muito a sério ser sério.

Levo a sério a seriedade da doença, seja do corpo ou da mente, a necessidade de amparo e socorro que levam as pessoas a procurar médicos do corpo e do coração.

E tudo isso se aplica às figuras de pai e mãe dentro de casa.

Pai não tem de ser carrasco nem irmão: tem de ser pai, ombro e abraço; autoridade, norte e abrigo; camaradagem mas também firmeza.

Mãe não tem de ser amiguinha, tem de ser ***mãe.*** Tem de ser aquela a quem filhos, mesmo adultos, sabem que podem recorrer quando tudo falhou, até os melhores amigos. Não ser a falsa jovenzinha competindo em maquiagem e roupas com a filha, ou parecendo seduzir colegas do filho – criando constrangimentos que ela ignora como se não vivesse no real.

Conceitos pouco simpáticos, severos?

A vida pode ser bem mais severa que isso.

AMAR É DAR a uma criança os meios para adquirir uma personalidade equilibrada.

Perguntarão o que é esse equilíbrio, e responderei que cada um tem o seu. Deve ser o suficiente para não nos afogarmos na primeira onda. Para isso não se exigem nem muita instrução nem grandes bens materiais. Não se faz teorizando nem debatendo, mas dando regaço acolhedor, mão firme e ouvido atento.

Os buracos no chão de nosso passado não são terem nos dado apenas dois pares de tênis e duas calças, nenhum dos brinquedos eletrônicos modernos, nem aulas de balé ou idiomas. As falhas do terreno onde vamos cair, quebrando coração e cara, são provocadas por um ambiente hostil, pais despreparados ou infelizes. Mais danosos do que pobreza, escola ruim, roupa modesta, casa simples, bairro suburbano ou excesso de trabalho. O solo firme serão as relações amorosas. Bom humor e carinho. Interesse.

Mas como ter isso se o cotidiano é sacrificado e nem nos comunicamos bem dentro de casa? Um luxo, amar, se muitas vezes não temos tempo nem de ler o jornal, dinheiro para o fim do mês, alegria para começar o dia.

Por isso digo que ***gerar e parir é grave responsabilidade.*** E que vamos continuar parindo, mais do que corpos, seres humanos complexos.

A fragilidade do relacionamento familiar ou suas eventuais catástrofes, nossas inseguranças, o dilúvio de informações contraditórias para as quais não temos muito discernimento, tornam cada vez mais difícil educar. Então delegamos isso à creche, ao jardim, à escola, ao psicólogo, à turma de amigos.

Como temos pouco tempo, ninguém pode exigir que a gente ainda por cima manifeste emoções e dialogue quando chegamos em casa exaustos de tentar manter a família com as exigências de consumo que ela tem – ou nós pensamos estar obrigados a lhe dar.

Até porque, se gerar e parir fisicamente é natural, ***criar é inserir numa cultura que se sobrepõe ao natural.*** Pode ser repetitivo e tedioso, problemático. Passamos do extremo da educação rígida à deseducação simplista.

CONHECI A EDUCAÇÃO pelo terror que imperava antigamente (antes que conhecimentos de psicologia nos ensinassem a sermos menos cruéis) até em famílias estruturadas e funcionais:

"***Se você engolir as sementes, essa noite vai nascer uma árvore na sua barriga; se você mentir, seu nariz vai crescer e vem polícia cortar com uma tesoura enorme; se você comer fruta sem lavar, vai ficar com a barriga cheia de vermes horríveis...***"

Hoje caímos no outro extremo.

Pais atônitos com a invasão do psicologismo fácil e nem sempre consistente receiam impor limites aos filhos para que não fiquem "traumatizados". Pais inseguros ou desinformados levam filhos aos mais variados especialistas para tratamentos nem sempre necessários e oportunos. Sei de pais que procuram a emergência de um hospital para que as enfermeiras cortem as unhas de seu bebê ou meçam a temperatura simplesmente porque "hoje eu achei ele meio quentinho". Ou porque "o bebê chora há três horas sem parar, deve estar com alguma dor"... e a médica constata apenas que ele precisava de banho e fraldas limpas.

Cortar unhas e botar termômetro não são emergência. Fraldas sujas não são emergência.

Falta de amor e de atenção podem ser uma emergência.

A psicologia ajuda a entender e aliviar, não a formar a personalidade. Assim a escola, a creche, o jardim de infância, não são lar nem família, professoras não são mães ou tias, e não se deveriam incumbir esses terceiros, por mais dignos e respeitáveis que sejam, dos deveres de nosso coração.

Que deveres são esses?

Abrir um espaço de ternura no cotidiano apressado e difícil, eventualmente cruel. Deixar aberta a porta dos diálogos não convencionais, com hora marcada, mas no fluxo habitual do interesse e do carinho. Amor em família é uma arte, um malabarismo, por vezes um heroísmo. Essencial como o ar que respiramos.

Preparar alguém para viver não se faz com frases, mas convivendo. Preparar alguém para futuros relacionamentos, para ter um dia sua profissão, sua família, sua vida, se faz sendo humano, sendo terno, sendo generoso, sendo firme, sendo ético.

Sendo gente.

A ideia de que a vida é um bem e que merecemos liberdade e felicidade, se transmite acreditando nisso. Todo o nosso processo futuro se antecipa em casa. O respeito pelos filhos modela o respeito que terão pelos outros e por si. A chegada de mais uma criança ensina a dividir, a competir saudavelmente, a amar com generosidade e a ***se valorizar.***

Isso não se incute com frases ensaiadas, mas com uma atitude geral. Isso que se chama ***clima.***

Qual o clima que reina em nossa casa?

Se nossa postura for de uma desconfiança geral, não haverá palavras, joguinhos, terapeutas que convençam a criança de que amar não é mortal, de que confiança é possível e até de que a chegada de um irmão pode ser um barato.

O ambiente em que vive é que vai lhe indicar se é bom ter família, ter irmãos, amigos, amores, se vale a pena – se é possível amar e respeitar sem ser traído.

Conviver gera problemas e atritos, mas também alegria e crescimento pessoal. Vai haver ciúme entre irmãos? Vai. Também isso é normal, é antecipação de laços futuros.

Dividir pode ser ruim, pode ser desagradável: quem não quereria tudo para si: os brinquedos, os pais, a casa, o mundo inteiro? Mas dividindo se reforçam autoestima e capacidade de interação. É positivo, mas tem de nos ser mostrado assim. Nada disso exige grandes estudos ou recursos financeiros. Exige dedicação, exige delicadeza, exige ternura: o mínimo que pode esperar quem nasceu de nós.

Nosso legado real aos filhos não é a casa, não é a conta bancária, não é nem mesmo o estudo, como diziam nossos avós.

O verdadeiro tesouro do qual eles vão se alimentar (ou terão de se libertar) é o recado que lhes passamos diariamente. Não está em palavras escolhidas para momentos especiais. Não consiste em noites de Natal ou festas de aniversário, não está na hora do sermão ou do elogio.

Contudo, frases como essas baixam diante de seu olhar o véu da suspeita:

"***Você está precisando de um irmão, aí vai aprender a ser menos egoísta!***"

"***Quando seu irmão nascer, vai acabar essa moleza toda.***"

"*Ainda bem que ano que vem você vai pra escola, aí vão lhe ensinar disciplina*!"

"*Quando você crescer, vai ver o que é bom, aproveite agora que só precisa brincar.*"

"*Quando você casar e tiver filhos, aí sim, vai se lembrar com saudade de quando era criança.*"

"*Eu bem queria que você já fosse casado e cheio de filhos, pra ver o quanto dói uma saudade...*"

Somos emocionalmente tão rasteiros que os afetos são um dever? Nós realmente sentimos isso, pensamos isso, temos uma afetividade tão pobre... ou achamos que ameaçar é educativo? E se isso nos foi ensinado, o que fizemos para corrigir essa nossa deficiência?

Pior: muito mais do que palavras, falam em nós o gesto, a voz, o olhar, a química que exalamos. Isso que impera em nosso quarto, nossa cama, nossa casa, nossa mesa – essa aura que distingue pessoas e grupos: afeto ou intolerância, parceria ou deslealdade.

Atritos fazem parte da realidade e certamente são menos danosos do que a dissimulação. O escondido debaixo do tapete é um tumor mais mortal porque oculto. Todas as relações precisam ser reenquadradas aqui e ali, ainda que aos trancos e com sofrimento.

Porém eu sou dos que acreditam que além e acima disso amar é possível, pelo menos amar mais, amar melhor – amar com alegria. As pessoas que nos amam – e a quem amamos – não são necessariamente bonitas, saudáveis, agradáveis. Isso também acontece entre pais e filhos.

Nem sempre quem tem filhos gosta de criança.

Não é um defeito de personalidade nem algo perverso.

Há quem só pegando um filho nos braços pela primeira vez sente toda uma gama de emoções desconhecidas, que de repente o/a inundam e enriquecem.

Outros têm a alma ossuda como alguns abraços. Mas há quem simplesmente não nasceu para ser mãe ou pai, embora possa curtir bem outros afetos.

Essas pessoas, ***homens e mulheres*** (pois não somos simples feixes de instintos), não têm equipamento emocional para isso. Ou não lhes foi ensinado a amar, por sua vez, quando pequenos.

"***Pai, olha ali que lindo! Para o carro para eu apanhar umas flores para a vovó?***"

A menina colheu flores-do-campo amarelas e roxas, e as segurava no colo durante o trajeto, olhos brilhando de alegria. Quando chegaram, correu para entregá-las à avó. Esta, num gesto espontâneo portanto sincero, encolheu-se toda e comentou com voz áspera:

"***Bota isso fora, essas flores de beira de estrada são sujas e têm bichinhos que picam a gente!***"

Nunca esquecerei a expressão no rosto dessa criança.

A mulher que revelava tal frieza não era má pessoa. Não era desprovida de afetos. Porém sua confiança em coisas e pessoas devia ter sido solapada quando também ela era uma menina com braçadas de flores para algum adulto de alma árida.

"***Você nasceu por acidente, claro que eu te amo, mas nunca quis ter filhos***" ou "***eu quis ter só seu irmão, mas seu pai quis tentar uma menina***" ...são bofetadas, não na cara mas na autoestima.

Algumas pessoas não deveriam se sobrecarregar emocionalmente gerando filhos. Não acredito em afetos escravizadores ou escravos, o que para mim é essencial, para outro pode ser dispensável ou pesado. Nem por isso ele ou eu seremos alguém melhor ou pior. Ter filhos não garante uma união mais ou menos boa.

Mas porque a gente acha que deve, porque a família cobra, porque a sociedade espera, porque o cônjuge sonhava com isso, porque nos exigimos seja como for – mesmo sem gostar particularmente da ideia, temos um filho.

Depois, sabe Deus por que (por "descuido", para segurar o casamento, para consertar coisas, para encher o vazio), teremos mais um ou dois. Preparada a cena para a desestruturação afetiva que se propaga como círculos na água quando ali se joga uma pedra impossível de moer.

Quando falei da minha alegria porque nasceriam em minha casa duas menininhas gêmeas, me disseram em tom de reprovação:

"***Mas então você quer mesmo ser uma velha que cuida de netos***?"

Outra reação de algumas das pessoas a quem contávamos a novidade, manifestação impensada por isso sincera, era negativa:

"***Gêmeas? Duaaaas? Que trabalheira! Lá se foi o seu sossego! Ah, pobre da sua filha! E a irmã delas, coitada, já está com muito ciúme***?"

Trabalhos e alegrias dobraram. É verdade. Ciúme é o sentimento natural de qualquer criança em cujo universo aparecem ***competidores*** e ***companheiros.*** Não necessariamente ***inimigos.*** Mas ter irmãos é normal, é alegre se a casa for alegre. Tendo irmãos, qualquer criança num ambiente sensato está sendo preparada para compartilhar, respeitar o outro e afirmar-se sem querer destruir esse outro.

Até hoje, as gêmeas já tendo alguns meses, às vezes indagam:

"***E a coitadinha da irmã, como está se virando***?"

Eu, que a observo diariamente, diria que se vira muito

 bem. Sendo criança num ambiente amoroso e bastante calmo, ela resolve de várias maneiras o "problema". Isso transparece em atitudes encantadoras como:

Ganhou de presente um enfeite de cabelos com duas bonequinhas iguais. Alguém perguntou:

"***São as irmãzinhas?***"

Resposta dela:

"***Não, ora, essas somos a minha mamãe e eu.***"

Tínhamos comprado grandes bonecas de pano para enfeitar os dois berços. A irmã pegou uma delas e por uns dois dias a levava consigo. Indagada, disse:

"***A mamãe comprou uma boneca pra mim e uma pra Fernanda, e esqueceu da Fabiana, mas já vai comprar.***"

Não censuramos, não desmentimos. Ela estava armando em seu universo o lugar que caberia a cada criança, e com certeza o seu não era o último nem estava seriamente ameaçado. Em pouco tempo acabou largando a boneca no berço da irmã e voltou para seus brinquedos habituais.

De momento a atividade nesta casa requer reajustes, em especial para uma menina de 4 anos. Lidamos ao mesmo tempo com duas pequenas vidas cheias de solicitações. Às vezes todas as mulheres da casa rodeiam os dois carrinhos como as fadas de um conto mágico, para admirar, amar, socorrer.

Tenho fotos de minha mesa de trabalho com uma mamadeira junto do computador ou dois carrinhos com bebês adormecidos junto desta cadeira onde escrevo.

Obrigação, chateação?

Escolha amorosa.

Não porque eu seja uma boa pessoa ou sequer uma avó muito convencional. Mas porque para todos nós este é um estágio de trabalho e encantamento. Treinamos mais carinho, paciência e reflexão.

Na balança dos dias certamente a alegria pesa muito mais do que todo o resto, e estão se estabelecendo laços de afeto que o tempo não vai deteriorar.

No cenário da família espero ser o que sempre desejei: um ser humano vulnerável e complicado, mas amoroso, que curte os outros. Com todos os meus erros, falhas e manias, aprecio laços e afetos, e me ilumina essa sensação de que, afinal, vale a pena.

Não vivo pensando que a toda hora alguém vai me trair. Muitas vezes tenho medo. Frequentemente me engano. Devo machucar quem amo, e certamente sem razão me sinto ferida algumas vezes.

Todos os pequenos dramas humanos são meus. Nos meus anos e multiplicados afetos, mais de uma vez quando pensei que haveria uma celebração, foi um fiasco. Quando imaginei um encontro, foi solidão. Quando quis abraço, fui segregada.

Ou muito disso se realizou e foi belo, e bom, muito além de minhas expectativas.

Mas aqui, nesta zona de afetos familiares ancestrais – que se restringiu pelo tempo e pelas circunstâncias da vida moderna – mais que perder, continuo ganhando. Esperando que dentro das pequenas ou grandes tempestades que ocorrem para todos nós, fique uma memória de esperança, de amor e lealdade.

O HOMEM ESTAVA pegando as chaves do carro (a mulher já tinha saído para levar as crianças à escola) quando tocaram a campainha.

Vagamente irritado, pois já se atrasara bastante, ele abre a porta:

– Sim?

O rapaz alto e estranho, andrógino, belo e feio, alto e baixo, negro e louro, faz um sinalzinho dobrando o indicador:

– Vim buscar você.

Não era preciso explicar, o homem entendeu na hora: o Anjo da Morte *estava ali, e não havia como escapar. Mas, acostumado a negociações, mesmo perturbado ele rapidamente pensou que era cedo, cedo demais, e tentou argumentar:*

– Mas, como, o quê? Agora, assim sem aviso sem nada? Nem um prazo decente?

O Anjo sorri, um sorriso bondoso e perverso, suspira e diz:

– Mas ninguém tem a originalidade de me receber com simpatia neste mundo, ninguém nunca está preparado? Está certo que você só tem 40 anos, mas mesmo os de 80 se recusam...

O homem agarrou mais firme a chave do carro, que afinal encontrara no bolso do paletó, e insistiu:

– Vem cá, me dá uma chance.

O Anjo teve pena, aquele grandalhão estava realmente apavorado. Ah, os humanos... Então teve um acesso de bondade e concedeu:

– Tudo bem. Eu te dou uma chance se você me der três boas razões para não vir comigo desta vez.

(Passava um brilho malicioso nos olhos azuis e negros daquele Anjo?)

O homem aprumou-se, claro, ele sabia que ia dar certo, sempre fora bom negociador. Mas quando abria a boca para começar sua ladainha de razões, muito mais que três, ah sim, o Anjo ergueu um dedo imperioso:

– Espera aí. Três boas razões, mas... não vale dizer que seus negócios precisam ser organizados, sua família não está garantida, sua mulher nem sabe assinar cheque, seus filhos nada sabem da realidade. O que interessa é você, você mesmo. Por que valeria a pena ainda te deixar por aqui algum tempo?

CONTARAM-ME ESSA FÁBULA, que já narrei em outro livro, e nele quem abria a porta era uma mulher. A objeção que o Anjo lhe fazia antes de ela começar a recitar seus motivos era:

"*Não vale dizer que é porque marido e filhos precisam de você...*"

Essa historinha fala do quanto valemos ***para nós mesmos,*** do quanto valemos ***por nós mesmos,*** do que realmente sentimos e pensamos ***sobre nós.***

Alguém me disse, tranquilamente consciente de suas limitações e suas conquistas:

– Se eu hoje aos 61 encontrasse o rapaz idealista que fui aos 18, não me envergonharia de apertar-lhe a mão, e o olharia nos olhos sem ter de baixar os meus.

Fez esse comentário sem laivo de solenidade ou autoglorificação, antes bem-humorado. Aquela doce ironia com relação a si mesmo que não é desprezo mas amor.

Quantos de nós podemos dizer isso? Com que argumentos persuadiríamos o Anjo visitante de ainda não nos levar? Bom motivo para refletir sobre a passagem do tempo e nosso crescimento como seres humanos.

Em como podemos nos programar, resgatar, desestruturar, reconstruir, boicotar, ou investir nossa cota de humanidade em um projeto pessoal que faça algum sentido.

Boa razão para pensar no ***valor de ter valores;*** de avaliar a vida, não apenas correr pela sua superfície. Interrompemos de vez em quando nossa atividade para isso – ou nos atordoamos na agitação da mídia, da moda, do consumo, da corrida pelo melhor salário, melhor lugar, melhor mesa no restaurante, melhor modo de enganar o outro e subir, ainda que infimamente, no meu ínfimo posto?

"***Ah, eu sigo meus valores.***"

"***Ensinei meus valores a meus filhos.***"

Usamos esse termo com muita facilidade. Que valores, quais valores? Aqueles segundo os quais tento viver, expressos não num eventual sermão ou palavreado, mas na maneira como vivo meu cotidiano em família, no trabalho, com amigos, com meus amores?

Tendo consciência de que amando-nos mais poderíamos viver melhor, passaremos a trabalhar nisso. Começamos tentando mudar de perspectiva: em lugar de enxergar só a parede em frente, contemplar um pedaço que seja de paisagem. Passar de vítima a autor de si mesmo é um bom movimento.

Amadurecer auxilia na tarefa de ver melhor a realidade, e não é uma catástrofe. Ler ajuda. Abrir os olhos para o belo e o positivo ajuda. Amar e ser amado ajuda. Terapia ajuda. No mínimo, ajudará a mantermos a cabeça à tona d'água em lugar de nos afogarmos na autocomiseração.

Reinventar-se inteiramente é impossível: o contorno dessas margens, o terreno de que são feitas está estabelecido. Trazemos uma chancela na alma – mas podemos redefinir seus limites. Quem sabe mudamos as cores aqui, ali abrimos uma clareira e erguemos um abrigo.

Muito vai depender do quanto esperamos e acreditamos.

De modo geral acho que nos contentamos com muito pouco. Não falo em dinheiro, carro, casa, roupa, joias, viagens, que esses cobiçamos cada vez mais. Refiro-me aos tesouros humanos: ética, lealdade, amizade, amor, sensualidade boa.

Nossas asas não são tão precárias que tenhamos de voar junto ao chão ou apenas arrastar nosso peso. Nem somos tão covardes que não possamos botar a cabeça fora do casulo e espiar: quem sabe no tempo do qual fugimos nos aguarde, querendo ser colhido, algo chamado futuro, confiança, projeto, vida.

Ainda que a gente nem perceba, tudo é avanço e transformação, acúmulo de experiência, dores do parto de nós mesmos, cada dia refeito.

Somos melhores do que imaginamos ser.

Que no espelho posto à nossa frente na hora de nascer a gente ao fim tenha projetado mais do que um vazio, um nada, uma frustração: um rosto pleno, talvez toda uma paisagem vista das varandas da nossa alma.

Domesticar para não ser devorado

Não é preciso consenso
nem arte,
nem beleza ou idade:
a vida é sempre dentro
e agora.
(A vida é minha
para ser ousada.)

A vida pode florescer
numa existência inteira
Mas tem de ser buscada, tem de ser
conquistada.

A gueixa no canto da sala

Quando anos atrás eu já refletia sobre os temas específicos deste livro, decidi organizar grupos de mulheres para debatermos sobre a questão ***Maturidade: perdas & ganhos.***

Convidei uma amiga terapeuta experiente para participar. Mesmo que não fossem grupos terapêuticos, eu estaria lidando, mais diretamente do que em livros e palestras, com essa singular criatura chamada alma humana. Não queria improvisar frente a eventuais momentos de crise.

Pretendíamos reunir no máximo dez mulheres e deixá-las trocar ideias e experiências sobre o tema do ***amadurecimento.*** A cada encontro sugeríamos um aspecto do tema ou lhes pedíamos sugestões. Não havia rigidez. Quem quisesse, quem se sentisse à vontade, daria seu depoimento ou exporia suas ideias a respeito de algum assunto. Todas podiam comentar, discutir.

Hoje vamos falar de nossos medos.

Nossos arrependimentos, nossas alegrias.

Nossos sonhos e projetos.

Essa sugestão podia vir assim, direta, numa frase, ou em algum texto que recebiam para ler. A intenção primeira era descobrir:

Quem sou ou acho que sou... quem quero ser, quem gosto de ser?

Por que despendemos tanta energia tentando ser quem não somos, não podemos ser – quem sabe nem temos vontade de ser?

Depende também de mim? Se depende, o quanto isso significa que gosto de mim? Quero ser feliz, saudável, amoroso, rodeado de bons afetos ou na verdade curto ser ressentido e amargo? Esse é o "meu jeito"?

Ou se quero mudar: como mudar, como enfrentar os efeitos da mudança?

Como acontece entre mulheres, quase de imediato se formou um clima de diálogo e cumplicidade. Algumas mais tímidas, outras extrovertidas, mais reservadas ou expansivas, rapidamente passaram a dirigir elas mesmas os debates, por vezes em tom confidencial, outras, verdadeiras discussões. Lágrimas, risadas. Espanto:

"***Nossa! Pensei que só eu fosse assim. Achei que ninguém tinha esse problema.***"

Nada de particularmente íntimo, apenas manifestações que provocaram muita reflexão nossa aos sairmos dos encontros. Certamente aprendemos com essas mulheres, que ali faziam o melhor que se pode fazer por si mesmo: querer entender, querer mudar, querer ser mais feliz.

Suas idades variavam de 40 a 80 anos, a maioria na casa dos 50. Profissionais liberais ou "donas de casa" de mente inquieta – indispensável para qualquer debate. Eram da geração de pioneiras que somos todas nós: não temos padrões anteriores para imitar nem mesmo para infringir, uma vez que o universo de nossas mães está em alguns aspectos tão distante do nosso que não há como comparar.

O mais difícil era observar o quanto, não importava a profissão, ainda nos valorizávamos pouco. Insegurança parecia ser a nossa marca, incerteza quanto ao que valíamos e podíamos (não só "devíamos") fazer de nós mesmas.

Anos, décadas, séculos de preconceitos culturais ainda nos prendiam apesar de todas as inovações. Do que estávamos precisando?

Primeiro, de discernimento.

As emoções eram confusas. Havia inquietação e descontentamento, mas a gente nem se permitia elaborar isso com mais clareza. Um desconforto moral trouxera todas àquela sala. Como agir em relação a ele?

Era importante defini-lo melhor. Falando como acontece – pois dizendo o nome das coisas começamos a ter controle sobre elas –, foram-se delimitando espaços de interrogação, clareando contornos. Apareceram as formas do nosso mal-estar.

Uma das mais importantes foi como era imprecisa a linha entre amor e servidão. Entre generosidade e autoaniquilamento. Entre adaptação e automutilação.

Para qualquer mudança é necessário compreender o que há de errado em nossa relação amorosa, em nossa casa, trabalho... em nós. Em que fomos vítimas, quanto colaboramos para essa situação. O que posso fazer, como posso, será que posso ainda?

UMA PALAVRA pronunciada, um texto lido podem nos fazer enxergar o que devia ser evidente mas não é: por ser inquietante demais é melhor que fique embaixo de todos os tapetes de nossa resignação.

Íamos nos conscientizando de que amor não deve ser servidão. De que em qualquer idade podíamos apostar em nós. Era possível abrir novas portas e se preciso derrubar algumas em torno e internamente.

Devíamos assumir decisões, instaurar uma nova ordem pessoal, rever contratos e firmar acertos. Muito disso nem seria falado, mas tácito. Muito teria de ser discutido, eventualmente batalhado na família ou seja onde for.

Era possível uma nova maneira de existir, e isso perturbava. Houve quem questionasse se não seria preferível tudo permanecer como estava antes daquelas reuniões: na mornidão do cotidiano aceito e do sonho podado.

"***E agora, o que é que a gente faz?***", expressavam, entusiasmadas ou assustadas.

Cada uma faria ou não faria o que fosse melhor, mais sensato, viável. Para algumas a única possibilidade seria deixar tudo ficar como estava. Para todas, porém, nada mais seria o mesmo: questionar o estabelecido, ainda que eventualmente não pudesse ser modificado, era um modo de se sentirem vivas.

A QUESTÃO CENTRAL era sempre a relação amorosa. Com pais para algumas, com filhos para muitas, para praticamente todas a convivência com o parceiro.

Mulheres que se desperdiçam em relações que as inibem ou solapam seus talentos foram educadas para agradar, não para exercer ternura, mas cumprir papéis e deveres. Base bem precária para uma interação positiva com colegas, amigos, marido ou filhos.

A mãe sempre disponível e a mulher submissa, até o colega ou funcionário eternamente solícito geram nos outros culpa e hostilidade. Vive-se numa dupla solidão: a de quem se submete e a de quem até sem querer subjuga. Conviver não se torna diálogo nem parceria, mas um frustrante monólogo a dois.

Mudar isso seria quase um milagre para muitas pessoas. Porém residem aí possibilidades de realização nunca antes imaginadas para cada um, ou para os dois parceiros juntos.

Alterar qualquer coisa, ainda que seja o cabelo ou o lugar habitual à mesa, é difícil. Para alguém mais desestruturado pode ser uma batalha com muitos ferimentos de parte a parte.

Sentir-se injustiçado machuca, mas conformar-se pode ser tentadoramente confortável:

"***Não há nada a fazer, comigo é assim. Meus pais, meu marido, o destino foram carrascos. Agora é tarde.***"

Os males que outros nos causaram – ou nós nos causamos – são sentinelas acusadoras diante de nossa porta. O jeito é tentar assumir o controle sobre esses espectros para que não nos manipulem. Alguns desconsertos se arrumam com uma boa conversa, ainda que com anos de atraso, e nos surpreenderíamos vendo quantas vezes o causador desse sofrimento nada percebeu.

Outras marcas são inapagáveis, queimaram mesmo, nos deformaram. Para essas é preciso bondade, doçura consigo mesmo, sabedoria e aceitação (não usei o termo "resignação" porque não gosto dele).

Muitas lamentavam o que tinham feito ou deixado de fazer anos atrás: as escolhas erradas, as omissões, a resignação e a subserviência. Insegurança, incertezas. Casamentos infantis, decisões graves tomadas sem refletir, primeiras responsabilidades sérias quando ainda se era tão imaturo.

Uma deixara de trabalhar porque vieram os filhos, e o marido não queria que ficassem com uma babá. Outra desistira de fazer mestrado porque os filhos reclamavam de sua ausência em casa. Outra ainda nem chegara a entrar na universidade porque o pai queria as filhas em casa. Uma delas teria podido fazer doutorado em outro estado, mas nem se animara a mencionar esse desejo pois o marido "ficaria furioso".

Uma confessou que não queria filhos pois se sentia pouco maternal, seu desejo verdadeiro era brilhar na profissão que a apaixonava mas que só agora, filhos adultos, conseguia realmente exercer com satisfação.

Então por que tivera filhos, três na verdade? Ora, porque era o que as moças faziam, o que os maridos e pais esperavam. Era assim.

Ao relatarem esses fatos antigos pareciam meninas apanhadas em falta só porque tinham ousado ter tais desejos. Uma ou outra sorriu, sacudindo a cabeça:

"***Meu Deus, como eu fui boba.***"

Eram modelos das boas e dedicadas mulheres que numa relação são – mais que amantes/amigas – meninas submissas de modelos masculinos tão estereotipados quanto elas. A solidão dos seus homens certamente era vasta na medida dessa desigualdade.

Sugerimos que fizessem, cada uma a seu modo, uma revisão daqueles processos. Por que tinham agido de um modo ou de outro? O que podiam, agora, tantos anos depois, fazer a respeito?

"***Não posso fazer nada, ora,*** reagiu uma delas, ***pois se passou há vinte anos, acabou, não tem jeito.***"

A tendência é ficar arrastando esses pequenos cadáveres, os "ah, se eu tivesse... se ele tivesse...".

Posso contornar esse fosso fingindo que não há problema; deitar-me à sua beira, chorando; enterrar-me dentro dele com minhas qualidades e esperanças; disfarçá-lo com folhas, ramos, tábuas, fingindo que nada aconteceu. Tentar preencher esse saldo negativo com alguma coisa positiva, que em cada caso será peculiar. ***Indagar: por que naquele momento agi daquele modo***? Foi por ignorância, covardia, impulso de autodestruição?

Na relativa lucidez da maturidade veremos que a maior parte desses "buracos" se tornam menos funestos quando se constata: "***naquele momento, naquela circunstância, eu fiz o melhor que podia.***" Quase sempre havia um motivo: os filhos pequenos, problemas do companheiro, real dificuldade em se afastar concretamente da casa ou da cidade, a pressão social ou familiar, havia... nem sempre coisas negativas. Apenas realidades com as quais se tentou lidar como se podia àquela altura.

Aos poucos enfrentavam-se velhos problemas com mais lucidez: naquela ocasião eu fiz o melhor que podia, embora hoje, na maturidade, veja que podia ter agido diferente. Naquela fase, imatura ainda, eu não podia, meus pais não entendiam, meu marido não sabia.

Amadurecer serve para isso: o novo olhar, na lucidez de certo distanciamento, permite compreender aspectos nossos e alheios antes obscuros. Por vezes promove-se uma espécie de ***anistia.*** Partindo dela podem-se reconfigurar padrões.

Gosto de usar a palavra ***anistiar*** – melhor que perdão, pois não tem conotação religiosa, nem dá a ideia de que somos bonzinhos perdoando alguém.

Nem a nós mesmos.

UM DIA SUGERI que falássemos diretamente sobre o que nos dava raiva.

A princípio ninguém se animou: todas com marido maravilhoso, filhos ótimos, pais uns santos, proibido sentir raiva. De repente uma, que raramente falava, começou baixinho:

"***Eu tenho raiva. Eu tenho muita raiva.***"

Sua raiva era da mãe inválida que a atormentava com a tirania dos fracos, de alguns doentes e das crianças muito mimadas. Outra então disse ter raiva dos sacrifícios que fazia pelos dois filhos adultos que ainda moravam com ela, sempre insatisfeitos e grosseiros. Uma censurava-se por sentir raiva do marido que não lhe dava atenção nem importância. ("Para ele parece que eu nem existo, nem sou humana.") Outras sentiam muita raiva de escolhas feitas na juventude, de que falei acima.

A lista foi longa e animada.

Começamos a descobrir que ter raiva (não rancor) pode ser saudável e necessário. Nunca ter raiva – não se falava de ódio ou ressentimento – é mentir para si mesmo.

Muitos desses motivos de raiva podiam ser vistos sob outro enfoque: submeter-se a filhos grosseiros é resultado de todo um processo, desde o nascimento ou antes, em que a mãe precisava se sentir vítima, a boazinha – a sofredora. Perder as estribeiras, descer das tamancas (ou do pedestal) pode provocar uma transformação admirável numa relação. Certamente marido e filhos deviam sentir um misto de raiva e culpa em relação àquela esposa-mãe-mártir.

Quando as coisas parecem muito ruins, ensinou-me uma amiga, pode-se indagar: "***É tragédia ou é apenas chateação?***"

Na grande maioria das vezes é chateação. A conta atrasada, o patrão estúpido, o colega invejoso, o filho malcriado, o marido calado, a velha mãe descontente, cinco quilos a mais, as próprias frustrações. Chuva demais, sol demais. Muito frio, muito calor: de repente, cada vez que respiramos, o mundo parece acabar.

Uma boa faxina nos armários do coração traz grande alívio: botamos fora as chateações ou as deixamos de lado por um tempo e vamos lidar com as coisas graves.

Aos poucos descobrimos que respiramos melhor. Podemos até mesmo sonhar.

A AUTOESTIMA REDUZIDA, companheira da insegurança e do medo, nos indicara muitas escolhas erradas na juventude. A muitas de nós aprisionava ainda agora num padrão fadado a causar mal-estar no ambiente familiar e um constante sofrimento pessoal.

Se nos valorizamos pouco não só tendemos a manter as coisas como estão ***(ruim o que conheço, pior o que ignoro)***, mas tomamos – ou não tomamos – decisões por medo. Medo da solidão, de sermos incapazes de decidir sozinhas, medo da opinião dos outros, medo.

Quem se subestima precisa de alguém ao lado para confirmar sua validade como pessoa. Nessa situação não se dialoga, pois o equilíbrio da balança está demais prejudicado. É surpreendente a dificuldade de mulheres, mesmo competentes, para se sentirem justificadas, validadas por si sós.

"***Não me sinto inteira sem um companheiro, sem poder ao menos pensar e dizer 'eu tenho alguém'***", disse-me uma advogada.

Também nas mulheres bem-sucedidas pessoal ou profissionalmente vive aquela que tem medo de ficar sozinha, que viceja melhor à sombra do outro e considera sua verdadeira vocação a de servir, de agradar, de providenciar: ***a gueixa.***

Essa que resiste a todas as inovações e conquistas de nosso tempo.

"***Homem gosta de mulher que não sabe escolher no cardápio ou finge que não sabe e deixa ele decidir***", disse-me uma jovem numa fase (passageira) de desilusão. Mas quem sabe nós é que não somos muito boas em escolher o companheiro, mesmo de um jantar? E quem disse que um homem com esse gosto saberá nos valorizar, portanto será que ele nos interessaria?

Cuidado: o homem apreciador da gueixa de falinha infantil e prato preferido dele sempre à espera pode ser másculo e prepotente, mas corre o risco de tornar-se um eunuco – nas emoções, que ficarão muito limitadas.

EMBORA A AMBIGUIDADE nossa torne tudo mais interessante pela multiplicidade de opções e interpretações, por outro lado nos aprisiona na gangorra da indecisão. Sofremos essa divisão entre o "querer" fazer e o que pensamos "dever" fazer. Realizamos em nós a frase da nossa infância, que incansavelmente ouvi: ***Criança não tem querer.***

Permanecemos, em algumas coisas, crianças – saboreando os privilégios e sofrendo os limites dessa condição. Quem conviver conosco, marido ou filhos, vai carregar um fardo a mais, que o lisonjeia ou o deixa solitário: ter ao lado a eterna menina em quem não pode se apoiar, com quem não pode realmente partilhar a vida.

Dinheiro e instrução não nos liberam facilmente da secular lavagem cerebral da nossa cultura. Passivamente ninguém derruba paredes limitadoras. E o preconceito (a "cultura") nos diz que ser ativo é coisa de homem. Que devemos ser gentis, conciliadoras, agradáveis, sedutoras, despertar no homem sentimentos de posse e proteção, controlar constantemente os filhos para mostrar o quanto somos dedicadas.

Em suma, precisamos provar que ***merecemos*** afeto.

Somos criadas em função do hipotético príncipe salvador que decidirá – e terá de gerir, ainda que lhe custe – o nosso futuro. E naturalmente vai nos tratar como crianças. Seremos sempre as despossuídas, sem espaço nem força de decisão. Seremos dos pais, depois do marido, dos filhos e dos netos.

Para nós sobrará o canto da mesa da sala de jantar quando quisermos escrever, o computador do filho quando nos arriscarmos pela internet, o sofá com as outras mulheres nos jantares de casais.

Atrás de nós, o terror do tempo que passa devorando uma existência que nunca aprendemos a administrar – pois jamais nos pertenceu. Pior: possivelmente nem a queríamos administrar, porque isso significaria sair da protegida resignação para o susto das decisões. Enfrentar obstáculos e exercer enfim o tão desejado – e temido – poder sobre nós mesmas.

Quando aquele Anjo viesse bater à nossa porta oferecendo a chance de ainda não nos levar caso pudéssemos dar três bons motivos para isso... o que teríamos a lhe dizer além dos pretextos habituais: "***marido e filhos precisam de mim, e mas eu ainda nem arrumei a casa***", ou "***preciso fazer as compras e preparar o jantar?***".

Não se iludam: isso de que estou falando não acontecia só no começo do século passado, nem ocorre, hoje, apenas entre mulheres mais desinformadas ou simples. Embora tenha evoluído muito, a situação de homens e mulheres – pois se falo de uma, fatalmente estou envolvendo o outro – está em plena mutação.

Muito resta a cumprir para se poder falar em verdadeira parceria. Ela exige equilíbrio: entre servo e senhor não existe diálogo.

UMA DAS QUEIXAS repetidas em nossos encontros era – nada original – não haver diálogo com maridos e namorados.

"***Mas você tentou dialogar, alguma vez tentou conversar com seu marido, seu namorado, até seu filho?***"

"***Ah, não adianta... homens não gostam de falar... têm dificuldade com as palavras, não têm jeito com elas... fogem da emoção... são uns covardes. É da natureza deles.***"

Será mesmo?

Ou nós impedimos os nossos homens de falar porque exigimos demais, exigimos que sejam como nós, que falem a nossa língua – se eles sempre falarão na linguagem dos homens?

Nós realmente lhes abrimos espaço ao nosso lado, nós de verdade os estimulamos, e os escutamos, somos parceiras – ou quando chegam em casa despejamos em cima deles uma tonelada de queixas sobre a casa, a empregada, as crianças, o trânsito, os preços do supermercado... como se esta, a nossa imediata, fosse a única realidade?

Não é impossível pessoas que falam idiomas diferentes se entenderem: com mímica, expressão, olhar, entonação de voz, alma e corpo e um ***gostar-se*** que dispensa tudo isso.

Não houve apenas um desfiar de dores e queixas, mas vivenciamos muitos momentos de riso e bom humor. Falou-se na importância do bom humor para conviver, para viver, para saborear positivamente as transformações todas: "***em certos momentos não é o amor que nos salva***", me dizia um amigo, "***é o humor***".

O bom humor é uma qualidade atraente e uma atitude sábia.

Não se trata de sarcasmo, de divertir-se à custa dos outros, mas de rir de si mesmo na hora certa, respeitar-se e amar-se, mas não se julgar sempre injustiçado e agredido.

Pode ser um último recurso: "***Ou tento sorrir, até de mim mesma, ou corto os pulsos***", me disse alguém com razões para se desesperar. E sorriu para mim, como quem diz: eu vou conseguir, a gente vai conseguir, afinal vale a pena.

Não posso fazer piada quando perco um amante ou amigo, quando descubro que estou doente ou fico sem meu emprego. Bom humor não significa piadas: é o sorriso afetuoso, o silêncio carinhoso, o colo acolhedor aberto ao outro e para mim mesma.

Nossa evolução, as imposições do nosso grupo e cultura, nossos próprios fantasmas, exigem muita energia, vontade e uma pitada de bom humor para serem domados – e não nos devorar sem cerimônia e sem compaixão.

Pretendíamos um trabalho breve só com mulheres.

Mas ao fim de quase um ano de sucessivos grupos, quando já pensávamos em suspender o trabalho por excesso de outros compromissos, havia uma lista de dez homens que desejavam participar. Fizemos então um último grupo, desta vez só de homens.

"***Por que não misturaram***?", sempre nos perguntam.

Porque não tínhamos ideia da dimensão que aquilo tomaria. De nossa vontade de reunirmos um ou dois grupos, apenas porque eu queria tomar o pulso das mulheres, chegamos a mais de dez. Nunca tive intenção de juntar homens e mulheres, pois tínhamos apenas quatro encontros e não haveria tempo de se instalar a desejada espontaneidade.

Eu estava curiosa pelo que diriam homens sobre o assunto das perdas e ganhos do amadurecimento.

Pois o grupo masculino teve resultados comoventemente parecidos com os das mulheres: questionavam suas escolhas, ressentiam-se do envelhecimento, sofriam com o medo de perder a potência (também a econômica e a autoridade), de perder a saúde e a forma física. Aborreciam-se pois, ainda que exaustos, lhes parecia impossível parar ou reduzir o ritmo de trabalho: mulheres e filhos dependiam demais deles.

Eram onerados pela preocupação com os filhos e pela culpa por achar que haviam falhado na família: podia ter havido mais diálogo, dedicação e tolerância. Muitos sentiam-se isolados dentro da própria casa. O laço singular entre mãe e filhos os deixava de fora.

"***Os filhos só vêm até mim para pedir dinheiro***", lamentou um deles, "***quando querem amizade, contar coisas pessoais, procuram a mãe***".

O coração dos filhos, mesmo rapazes, era um terreno onde não conseguiam andar direito. Haviam-lhes ensinado, aliás, desde cedo, que no território de mãe e filhos o homem era um intruso.

"*Cuidado, você vai deixar o bebê cair! Homem não tem mesmo jeito com criança. Deixa que eu mesma cuido disso, você pode ler seu jornal, ver seu futebol.*"

Não são frases que fabriquei agora mas pronunciadas por muitas de nós mesmas àqueles que mais tarde acusaríamos de serem "distantes" dos filhos. Quem sabe agimos assim para sermos as únicas donas daquele que julgamos nosso único verdadeiro bem, nosso "objeto" mais pessoal, produto nosso, saído de nós – o "nosso" filho?

Mulheres levantam paredes em torno da sua relação com o filho e deixam o homem de fora. Naturalmente passarão a vida queixando-se de que ele não se interessava pelo bebê, não sabia o que fazer com os filhos.

A SOLIDÃO DOS HOMENS me pareceu mais árida do que a das mulheres, que têm outros tipos de laços afetivos: família, amigos, até mesmo sua casa.

"*Os rapazes, meus colegas*", dizia uma universitária, *"quando conversam entre si contam vantagens, falam de dinheiro, futebol, política e mulher. Nós, as moças (algumas eram já casadas), quando nos reunimos, trocamos confidências ou nos queixamos (das mães, das empregadas, dos filhos, dos deveres em casa, ou... dos homens)".*

Entre o papo superficial com os amigos e o receio de decepcionar ou assustar (ou irritar?) as mulheres com sua própria fragilidade, com suas preocupações mais íntimas ou seus dramas, ***os homens silenciam.***

Com suas mulheres muitas vezes queixosas, obsessivamente encerradas na sua maternidade, consumindo-se nos cuidados domésticos ou em uma excessiva futilidade, resta-

 lhes o papel de provedor. A necessidade de ter alguém com

quem dialogar, com quem realmente se abrir, era quase uma constante em seus comentários:

"*Com meus amigos, falo dessas coisas que homem fala: política, futebol... com a mulher, não quero me abrir porque ela logo fica nervosa e me cobra mil coisas... e aos filhos, ah, esses eu tenho de proteger, não é?*"

Quase sempre há coisas a melhorar, e quase sempre podem ser melhoradas. Não é proibido questionar, esclarecer, explicar. Não é vergonhoso realizar o sonho de estudar, de abrir uma loja, de fazer uma viagem, de mudar de profissão. Mudar um relacionamento.

Mais fácil é a resignação: morrer antecipadamente. Velhos casais ressentidos ou jovens casais solitários dentro de casa são terrivelmente tristes e terrivelmente comuns.

"*Quando estou deprimido, levantar da cama* (*e não me arrastar pela casa*) *já é um ato heroico*", comentou alguém. Viver é um heroísmo, viver bem um longo amor é mais heroico ainda. Viver sozinho se meu amor fracassou é uma batalha pela mera sobrevivência.

Porém, só manter a cabeça à tona d'água num casamento, é suficiente?

Um amigo disse no aniversário de sua mulher uma das coisas mais bonitas que ouvi:

"Todos os dias de nosso casamento (de uns 40 anos), eu te escolhi de novo como minha mulher."

O casal mais feliz haveria de ser aquele que não desiste de correr atrás do sonho de que, apesar dos pesares, a gente a cada dia se olharia como da primeira vez, ***se enxergaria*** – e se escolheria novamente.

UM DIA ME PEDIRAM para escrever sobre "*o casal perfeito*": bom para quem gosta de desafios. Minha primeira providência foi cercar com aspas o vocábulo "perfeito".

O que justificaria o rótulo sobre o qual eu devia escrever?

Imediatamente ocorreu-me que parceiros de um casal "perfeito" precisam ***se querer bem como se querem bem os bons amigos e temperar esse afeto com a sensualidade que distingue amizade de amor.*** Duas pessoas que compreendem, sem ressentimento nem cobranças, a inevitável dose de peculiaridades do ser humano e sua dificuldade de comunicação. Em última análise, toda a sua complicação.

A melhor parceria deve ser aquela em que um aceita o outro sem ter de se submeter a ***qualquer coisa*** pelo outro; em que um aprecia e admira o outro, mas tem por ele ternura e cuidados. Sobretudo aquela em que um parceiro não investe no outro ***todos*** os seus projetos, à primeira decepção passando de amor a rancor.

Se o outro servir de cabide para os nossos sonhos mais extravagantes de perfeição, o primeiro vento contrário derruba o pobre ídolo que não tem culpa de nada.

No casamento saudável há um propósito geral: quero passar com você o melhor de meus dias, construir com você uma relação gostosa, importante e definitiva.

É importante não correr para os braços do outro fugindo da chatice da família, da mesmice da solidão, do tédio. É essencial não se lançar no pescoço do outro caindo na armadilha do "enfim nunca mais só!", porque numa união com expectativas exageradas decreta-se o começo do exílio.

Amor bom, além do mais, tem de suportar e superar a convivência diária.

A conta a pagar, a empregada que não veio, o filho doente, a filha complicada, a mãe com Alzheimer, o pai deprimido, ou o emprego sem graça e o patrão grosseiro. Quando cai aquela última gota – pode ser uma trivialíssima gota –, a gente explode. Quer matar e morrer, e nos damos conta: nada mais em nossa relação é como era no começo. Não é nem de longe como planejávamos que fosse.

Não queremos continuar assim, mas não sabemos o que fazer. Ou sabemos, mas nos parece inexequível.

Na verdade, na parceria amorosa como em tudo o mais recomeçamos tudo todos os dias. Então podemos tentar começar diferentes também aqui e agora. O cotidiano conforta, os seus pequenos rituais são os marcos de nossa vida mais segura, mas também traz desencanto e monotonia.

Precisamos de criatividade num relacionamento amoroso, dizem. O problema é que ***quando se fala em "criatividade" numa relação a maioria pensa logo em inovações no sexo,*** como se a solução estivesse em novas posições, outro perfume, artifícios exóticos.

Transar bem é resultado, não meio. Como deveriam ser os filhos: fruto de um afeto vivo, não instrumento para consertar o que está falido.

Passada a primeira fase de paixão (desculpem, mas ela passa, o que não significa tédio nem fim de tesão), a gente começa a amar de outro jeito. Ou a amar melhor; ou: ***aí é que a gente começa a amar***; a querer bem; a apreciar; a respeitar; a valorizar; a mimar; a sentir falta; a conceder espaço; a querer que o outro cresça e não fique grudado na gente.

"***Se você ama alguém, deixe-o livre***", estava escrito no bilhetinho que foi um dos maiores presentes que me deu alguém entre tantos muitos outros bens.

Um pouco de lucidez e um bocado de maturidade (ah, que boa coisa, o tempo) há de mostrar se – e o quê – pode ser ainda conquistado a dois.

Isso entendido, chega o momento da definição: e agora, o que fazer? Investir, se há mais possibilidades do que vazio.

Como a gente não desiste fácil – porque afinal somos guerreiros ou nem estaríamos mais aqui, e porque há os filhos, os compromissos, a casa, a grana e até ainda o afeto –, vamos criar um jeito de reconstruir o que parece esfarelado. Isto é: quando há vontade, afeto, quando resta interesse. Desde que seja uma reinvenção a dois, não a submissão de um e o exílio de outro. Pois o espaço entre opressor e oprimido é um vazio.

Mas e quando realmente nada mais resta de positivo?

Laços podem ser reconstituídos, remendados ou cortados. O corte se faz com mais ou menos generosidade, carinho ou hostilidade e raiva – sempre com dor. Porém nenhuma união deveria ser a sentença definitiva de aniquilamento mútuo dentro de uma jaula.

COMO INVENTO histórias, gosto de fábulas.

Trabalho com elas pois são o espelho da realidade. E porque gosto de histórias de anjos, aqui vai mais uma. Esta fala de amor, de parceria no amor, de encontrar quem possa ser nosso cúmplice, muito além e acima de convenções, receitas e "modas".

Era um homem, um homem comum, que um comum destino parecia controlar inteiramente. Um animal doméstico bem treinado.

Um dia sentiu um incômodo nos dois ombros, distensão muscular, má posição no trabalho... Foi piorando e resolveu olhar-se no espelho, de lado, inteiro e nu depois do banho: não havia dúvida, duas saliências oblíquas apareciam em sua pele abaixo dos ombros. Teve medo mas decidiu não comentar com ninguém, e como não transava frequentemente com a mulher, conseguiu esconder tudo quase um mês.

Fez como via fazer sua mulher: pegou de cima da pia um espelho redondo no qual ela ajeitava o cabelo e passou a analisar todo dia aquele fenômeno que em vez de o assustar agora

o intrigava. Curioso mas sem sofrer – pois não doía –, foi observando aquilo crescer.

E pensava:

Nem adianta ir ao médico, porque se for um tumor (ou dois) tão grande, não tem mais remédio, é melhor morrer inteiro do que cortado.

Certa vez, quando se masturbava no banheiro, na hora do prazer sentiu que elas enfim se lançavam de suas costas, e viu-se enfeitado com elas, desdobradas como as asas de um cisne que apenas tivesse dormido e, acordando, se espojasse sobre as águas.

Ficou ali, nu diante do espelho, estarrecido.

Agora ele não era apenas um homem comum com contas a pagar, emprego a cumprir, família a sustentar, filhos a levar para o parque, horários a cumprir: era um homem com um encantamento.

Eram umas asas muito práticas aquelas, porque desde que usasse camisa um pouco larga acomodavam-se maravilhosamente debaixo das roupas. Em certas noites, quando todos dormiam, ele saía para o terraço, tirava a roupa e varava os ares.

Sua mulher notou alguma coisa diferente no corpo de seu marido. Estava ficando curvado, tantas horas na mesa de trabalho. Nada mais que isso. Embora a mãe lhe tivesse dito que "com homem é sempre melhor confiar desconfiando", daquele seu homem pacato ela jamais imaginaria nada muito singular.

– Você vai acabar corcunda desse jeito, aprume-se – ela dizia no seu tom de desaprovação conjugal.

As coisas se complicaram quando, já habituado à sua nova condição, o homem-anjo olhou em torno e, sendo ainda apenas um homem com asas, sentiu-se muito só. E começou a pensar nisso. E olhou em torno e se apaixonou.

Na primeira noite com sua amante, esqueceu o problema, tirou a roupa toda, e quando ela começava a apalpar-lhe as costas o par de asas se abriu, arqueou-se unindo as pontas bem no alto por cima dele, na hora do supremo prazer.

Mas essa mulher/amante não se assustou, não se afastou. Apertou-se mais a ele, e dizia: vem comigo, vem comigo, vem comigo...

E abriu suas asas também.

(Histórias do tempo, 2000)

Amor é tarefa complexa, além de tudo porque para ***amar preciso primeiro me amar.*** Dentro e fora são reflexos mútuos, como dois espelhos em lados opostos. Vou procurar um amor bom para mim – no qual me reconheço e me reencontro, me refaço e me amplio, me exploro, me descubro – se minha imagem interior me levar a isso.

O amor mais que tudo ***nos revela:*** manifesta nossas tendências, o que preferimos e escolhemos para nós. Quero, mereço ser e fazer feliz ou preciso me punir e castigar ao outro; mereço e posso crescer ou me aniquilar... e ao outro comigo?

"Escolha" amorosa pode parecer contradição. Antigamente falava-se em "escolher marido, escolher esposa". Sempre tive quanto a isso grandes reservas. Hoje penso que é uma escolha, sim, mas não aquela a que tais conselhos se referiam: trate de escolher bem seu marido, sua mulher. A ideia, explícita ou não, era: que o marido te dê segurança econômica, que a mulher seja virtuosa e cuide bem da casa e dos filhos.

Isso fala de arranjos e conveniências, de modelos rígidos impostos de fora. Amor é outro tipo de escolha. O homem com asas deparou com sua amante alada, aparentemente por acaso: foi na verdade sua escolha mais vital de uma parceria.

Esse encontro se dá no escuro do desconhecimento mútuo. É em parte consciente, segundo nosso agrado e necessidades, o projeto que tínhamos, o modelo que queremos. Mas é bastante inconsciente, brota dos impulsos mais primários daquele nosso ***eu*** dissimulado sob muitas máscaras.

Essa é a opção mais grave: nasce de toda a perspectiva interior. ***Na escolha do parceiro opto pelo que julgo merecer.*** E aí é que podemos apunhalar o próprio peito.

Escolho conforme minha saúde emocional ou minha doença, meus desejos mais obscuros, meus movimentos inconscientes em direção de afirmação ou destruição.

Nosso lado mais oculto sente, fareja: aqui devo investir minha emoção, aqui conseguirei me doar, aqui há alguém com quem posso pensar em construir um relacionamento.

NO AMOR PENSAMOS viver finalmente o mito da fusão com o outro. Queremos perder a identidade nas mãos daquele que de momento é "tudo" para nós.

A paixão inicial quer ver e mostrar. É compulsão de nos abrirmos com o outro e mergulharmos nele, revelando os menores detalhes de nosso corpo e alma, incansáveis relatos do passado, trocas que parecem levar à sonhada união total.

Sabemos cada momento do seu horário, com quem fala, onde esteve e pretende ou sonharia estar a tal e tal hora – maneira de estarmos sempre juntos, confirmação de afeto e interesse.

Porém uma ligação amorosa é uma longa elaboração: enfrenta toda uma série de transformações de parte a parte. Mudamos, e os parceiros não mudam necessariamente no mesmo ritmo, com a mesma intensidade ou no mesmo sentido.

O instinto e o afeto é que fazem com que os bons casais, os casais amorosos, usem dessas fases de crise para se renovar e crescer, se possível juntos. Desde que o instinto seja saudável, o afeto seja bom, a personalidade aberta.

Não há receita. Não há escola. Não há manual.

Um dos parceiros fatalmente envelhece antes, adoece mais. Pode ter reveses financeiros, pode ter fracassos profissionais. Pode evoluir com a idade e as circunstâncias, ou ficar atrás em relação ao outro.

Instala-se entre ambos o jogo de poder em que o mais fraco tiraniza aquele que (nem sempre as mulheres) se submeteu mais, abdicou de mais coisas.

Sendo vulneráveis e culpados essenciais, aquele que está em vantagem (o que quer que isso signifique) pode ceder a chantagens, podar suas asas e truncar seu destino para não "humilhar" o parceiro.

Se for mulher, mais complexo o drama. Porque é convenção nossa (quem sabe ainda legado primitivo das cavernas) que o homem seja o forte e a mulher a frágil, o homem o dono do dinheiro (= poder) e a mulher a que vive de mesada. Conheço mulheres de sucesso que a cada fim de mês entregam o dinheiro para que o marido o administre, porque se sentem incapazes, ou pior: temem que serem capazes deixe o marido inseguro e agressivo.

Uma terapia dos dois, ou a dois, de um deles ao menos, um aconselhamento que seja, pode ser uma excelente ferramenta. Férias longe de trabalho e filhos, oportunidade de reencontro e conversas honestas. Mas frequentemente aquele que poderia dar o passo decisivo e consertar sua vida – mesmo dentro dessa relação – não se permite isso. A culpa não deixa. O medo de perder o parceiro não permite. O receio da solidão, pior ainda.

Tudo fica como está: por baixo das aparências corre o rio turvo do lento e tácito suicídio a dois, físico ou moral. É a morte das alegrias e da ternura, um acordo fatal no qual a esperança fica revogada. A culpa, disse alguém, é como uma mala cheia de tijolos, peso inútil que carregamos de um lado para outro sem objetivo algum. Haveria só uma solução: jogá-la fora inteira ou ao menos parte dela.

Mas regras autoimpostas, acordos nunca verbalizados, ajustes aparentemente necessários para evitar um conflito que poderia ser salutar – nem falo da guerra surda que se desenrola tão seguidamente entre casais –, ou comodismo, nos impedem de agir. Levantam aquelas intransponíveis colunas de Hércules que serão derrubadas algum momento mais tarde com violência e dor, ou serão o monumento em honra de duas existências boicotadas.

ESCREVENDO SOBRE amor não posso falar apenas de mulheres submissas.

Conheço maridos tão controlados pela parceira que não sobra espaço para novas amizades, nem para simples troca de ideias e estímulos – ainda mais se for com outra mulher. Numa casa que frequentei em mocinha, o marido e os filhos homens ao chegar na porta de entrada precisavam tirar os sapatos: havia chinelos à espera dos pobres. "Não entrem na minha casa com seus sapatos sujos!", esbravejava o general de saias que comandava, mais que uma casa, uma jaula.

A personalidade esmagada sonha com uma saída. Eventualmente, se ela aparece e é mais atraente, ocorre uma ruptura sob o infalível comentário de quem está de fora:

"***Mas, como? Pareciam se dar tão bem***!"

Aqui vale um PS: a atração fora do laço de uma união que se tornou mortal não precisa ser "outra pessoa", mas uma oportunidade de crescer, de viajar, de estudar, de sair do emprego, de travar nova amizade. ***Poder ser alegre, poder respirar.***

Poder confiar. Não se sentir fiscalizado ou ignorado. Mas a gente pode optar por deixar tudo como está: ***é assim.***

Às vezes realmente não há maneira de escapar.

Nesse caso, se aquele anjo da sombra ou da luz batesse à porta, não saberíamos dar nem ao menos uma boa razão, só nossa, para que ele não nos levasse, encerrando algo que na verdade já estava cancelado.

Dançando com o espantalho

Tenho dito ou insinuado aqui que amadurecer deveria ser visto como algo positivo e que envelhecimento não é revogação da individualidade.

Um dos motivos de nossas frustrações, homens e mulheres, é vivermos numa cultura que idolatra a juventude e endeusa a forma física além de qualquer sensatez.

Se maturidade é fruto da mocidade e velhice é resultado da maturidade, viver é ir tecendo naturalmente a trama da existência. Processo tão enganosamente trivial para aquele que o vive, tão singular para quem o observa. Tão insignificante no contexto da história humana.

Seguindo esse fluxo, vestidos com nossas circunstâncias, carregando a bagagem que nos foi dada e a que fomos adquirindo, navegamos. Escolhemos algo do roteiro, desenhamos alguma coisa nas margens, acompanhados por presenças positivas mas também pelo monstro da nossa dificuldade de viver bem, sempre pronto a liquidar conosco.

Não nos damos sempre conta dele: faz parte da nossa cultura, nossa educação, da mídia, da personalidade. Está nas revistas, na mente dos que nos rodeiam e dos que amamos, está dentro de nós. Cresce e prolifera na medida em que não temos o costume de lidar com ele.

O inimigo é variado, tem muitas cabeças. ***Somos muitos,*** dizia o demônio que possuíra um infeliz na literatura cristã. Todas elas nos controlam e inibem: a imposição e aceitação de modelos inatingíveis; a não apreciação de si; a submissão a preconceitos, a ausência de valores pessoais; a frivolidade nos relacionamentos afetivos mais variados. O consequente temor do processo que em lugar de evolução e crescimento nos assusta como aniquilamento.

Precisamos superar a ideia de que estamos meramente correndo para o nosso fim, num processo de deterioração e apagamento.

Esse é o nosso fantasma mais destrutivo, pois se alimenta com nosso terror da morte e cresce desmesuradamente porque ***nosso vazio interior lhe concede um espaço extraordinário.***

Se quisermos, mais que sobreviver, crescer enquanto humanos e pensantes, esse relógio sobre a mesa de cabeceira ou no pulso – especialmente o relógio em nossa mente – deve ser apenas aquilo que é: instrumento para medir e coordenar as atividades cotidianas. Para marcar as fases com seus encantos e limitações, sua riqueza e suas privações, mas de modo geral significando ***crescimento, não mutilação.***

A cada transição executamos nossos rituais, perdemos alguns bens e ganhamos outros, alguns duramente conquistados. Falo dos ***bens de dentro.***

Esses que nem o banco fechando nem país falindo caducam; esses que nem o amado morrendo a gente perde; esses que na dor nos iluminam, na alegria nos ajudam a curtir mais e no tédio – quando tudo parece tão sem graça – agitam correntes submersas de energia mesmo se a superfície parece morta.

Quando pensamos que tudo acabou, que nunca mais teremos alegria ou emoção, tudo isso que estava guardado e é bom emerge em plena vigência e força.

É desses tesouros que eu falo: eles podem vencer o que nos paralisa. Hão de superar essa cultura do aqui e agora, do aproveitar, do adquirir, do estar na moda, do estar por cima, do estar-se agitando e curtindo sem parar.

Na infância tudo é sempre agora.

Estamos ocupados em viver.

Aos poucos se distinguem ***antes e depois***, talvez pela separação momentânea de uma presença reconfortante que vai e retorna num tempo ainda não medido. A ausência se torna real num lampejo quando essa pessoa volta. ***"Ué, você não estava aí?"***

Por fim emergimos daquelas águas mornas e percebemos que existimos – no tempo. Estamos em processo, em viagem, estamos em curso.

O limbo assume nitidez e começa a nossa história.

Quando menina eu gostava de levantar ao amanhecer e saborear o proibido, pois criança tinha de ficar quieta na cama até a mãe chamar. Ia até a janela e abria, devagar para não fazer ruído. Como era mágico o jardim naquela hora. Pleno da noite que terminava, pleno da espera pelo dia que ia começar.

Já naquela época a alternância dos dias não me parecia hostil, mas uma espécie de feitiço que provocava transformações: o casulo com a promessa de asas cintilantes.

Por que necessariamente agora, com corpo agrandado, pele menos suave, rugas e experiência, estarei em declínio e não em natural transformação – como tudo o mais?

O que é bonito num bebê desagrada num adolescente; o que num jovem deslumbra, numa pessoa madura pode ficar deslocado; assim como na velhice – se ela não for uma caricatura da juventude –, encanta o que é próprio dela.

"***MAS O QUE PODE haver de positivo em ficar velho?***", perguntaram-me um dia. "***Diga uma coisa só, e vou acreditar.***"

As qualidades interiores vão sobressaindo, afirmando-se sobre as físicas. Ao contrário da pele, cabelos, brilho do olhar e firmeza de carnes, elas tendem a se aprimorar: inteligência, bondade, dignidade, escutar o outro. Capacidade de compreender.

Mas é preciso ***que exista algo interior para sobressair:*** o desgaste físico será compensado pelo brilho de dentro. Não será preciso nem mutilar-se com cirurgias além do razoável, maquiagem exagerada, roupas extravagantes... nem ocultar-se porque estamos maduros, ou já estamos velhos.

Se a transformação que se efetua em nosso corpo é inexorável, sua velocidade e características dependem de genética, cuidados, saúde, vitalidade interior também. Com o inexorável só há uma saída, e não será fugir: é vivenciá-lo do melhor modo que posso. A questão não é que a vida fique suspensa, mas ***que a gente viaje com ela***, em lugar de paralisar-se e ficar atrás.

Se não formos demasiado tolos, gostaremos de nossa aparência em todos os estágios. Olhar-se no espelho e dizer: "***Bom, essa sou eu.***" Nem extraordinariamente conservada nem excessivamente destruída. Estou como se está nesta fase. E se eu sou assim, gosto de mim.

Sou a minha história.

Pois não somos só nossa aparência; mas ***somos também nossa aparência.*** Negá-la é negar o que, afinal, nos tornamos. Por isso, se é melancólico negligenciar a aparência, é patético querermos parecer ter 20 anos aos 40, ou 40 aos 70. Deveríamos querer ser belas, dignas, elegantes e vitais pessoas – de 60 ou 80 anos.

Felizes, ainda, aos 80 anos.

EMPRESTARAM-ME UM LIVRO onde estava sublinhada a frase: ***a meta da vida é a morte.***

Bem, acredito que ***o final da vida é a morte***, mas que ***a meta da vida é uma vida feliz.***

Palavras gastam-se como pedras de rio: mudam de forma e significado, de lugar, algumas desaparecem, vão ser lama de leito das águas. Podem até reaparecer renovadas mais adiante.

Felicidade é uma delas.

Banalizou-se porque vivemos numa época de vulgarização de grandes emoções e desejos, tudo ***fast-food, prêt-à-porter***, pronto para o micro-ondas, fácil e rápido... e tantas vezes anêmico.

Se por encantamento e profissão escolhi o território das palavras, sei o quanto algumas se contaminam pelo uso e se tornam agressivas ou contraditórias, têm ares de ironia ou de ingenuidade. Tornam-se confusas e ineficientes, prestam-se a mal-entendidos ou clareiam mais o significado.

Conheço um pouco o modo como se apoderam das nossas experiências e lhes dão rostos, roupas, ares que nem tínhamos imaginado.

Gosto das coisas – pessoas e palavras – desconcertantes. Seus contornos imprecisos permitem que a gente exerça o direito de refletir e de criar em cima delas.

Mas algumas palavras e circunstâncias me assustam quando espio por trás de seus sete véus. Muitas revestem as transformações de nosso tempo, mudança de padrões de comportamento, progresso e avanço, mas também sombra e estéril angústia, desperdício. Algumas têm a ver com ideais que não só raramente atingimos, como, obtidos, pouco têm a ver com liberdade e com felicidade.

O curso de tempo significaria me tornar cada vez mais completo, se eu não carregasse comigo o preconceito fundante de nossa época: só a juventude é bela e tem direito de ser feliz, a maturidade é sem graça e a velhice é uma maldição.

A idade madura não precisa ser o começo do fim, idade avançada não precisa ser isolamento e secura. Podem-se fortalecer laços amorosos, familiares, de amizade, variar de interesses, curtir melhor o gozo das coisas boas.

Existir é poder refinar nossa consciência de que somos demais preciosos para nos desperdiçarmos buscando ser quem não somos, não podemos, nem queremos ser.

"***É assim, o tempo: devora tudo pelas beiradinhas, roendo, corroendo, recortando e consumindo. E nada nem ninguém lhe escapará, a não ser que faça dele seu bicho de estimação.***" (O ponto cego, 1999)

Acompanhando-me neste livro o leitor me ajudará a desenovelar o tempo refletido, o tempo pensado, o tempo odiado e temido, o tempo conquistado.

Por que teremos tanto medo dele?

Por que – em que momento – decidimos que ele será ameaça e não promessa? Ou: quando nos ensinaram a pensar assim... e por que aceitamos isso?

Vivemos numa civilização que nos concedeu mais tempo mas detesta a passagem do tempo.

"***Você afirma que o tempo não existe... então, como escreve tanto sobre ele?***", pergunta a jornalista.

Ela tem – e não tem – razão. Ele tem sido pano de fundo ou até personagem de obras minhas. Afirmando que ele não existe quero dizer que não existe como algo determinante de minhas crenças ou pessimismo, ***se eu não quiser assim.*** Não é uma poderosa entidade externa que a partir de certa idade (marcada aleatoriamente ou pelas organizações mundiais de saúde) me impele montanha abaixo sem que eu possa reagir.

A gente pode reagir de muitas maneiras positivas: assumindo e apreciando cada fase de si; não se resignando ao pensamento massificado nem desistindo assim que as rugas se instalam; jamais caindo na falsa rebeldia que nos transforma numa caricatura de jovem.

Alguns conceitos vigentes sobre as alegrias possíveis na maturidade são patéticos. Uma mulher de 65 anos, independente, comprou um apartamento novo. Os comentários que escutava eram estimulantes, mas alguns a deixaram desconcertada:

"Você, com esse belo apartamento agora, deve ter homens aos montes."

"Perto de seu edifício novo abriram uma academia de ginástica, moderna. Agora certamente você não terá dificuldade em encontrar garotões."

Nesse patético reino da futilidade, esses conceitos não mandam viver, mas congelar-se. Não propõem uma construção de valores positivos, mas a semeadura de uma vegetação rasteira de tolices. O tempo será aquele ogro que devora criancinhas, e os momentos de crise vão nos jogar de um lado para outro como bonecos de trapo, seres humanos empalhados.

Se meu olhar confere sentido ao real, também ao exterior, posso declarar que o mundo tem lugar para mim independentemente de minha beleza física ou aparência e idade. Mas se meu olhar enxergar tudo pelas lentes da superficialidade mais tola ou cínica, devo arrumar as malas e me recolher antes, bem antes da plenitude da maturidade.

Como tantas coisas mais, viver vai modificar meu corpo. Sobre a minha alma vai exercer apenas o poder que eu lhe conceder.

Só se permitirmos esse nosso companheiro mais íntimo – o tempo no qual viajamos – se tornará nosso carrasco. Passaremos a nossa existência amarrados a um espantalho que em lugar de afugentar aves daninhas inibe a nossa possibilidade de voar.

O jeito é virar o jogo.

Aceitar como natural o que é natural, acolher bem o que não pode ser modificado. Há todo um leque de boas razões para viver bem e de coisas instigantes a descobrir, que antes eu talvez não tivesse disponibilidade nem sabedoria para sequer tentar.

SOMOS TÃO FRÍVOLOS que nos tornamos incapazes de amar a vida tal como nos é dada e conquistada em cada estágio. Somos dominados por uma inquietação que não é aquela positiva que nos leva a produzir, a nos abrirmos para novidades, mas agitação infantil de quem nunca se contenta porque não se encontra. Por isso se fragmenta e se perde.

Se estamos fora dos padrões – convencionados pelos outros (nem sempre reais nem sempre muito respeitáveis) – por sermos muito grandes ou muito gordos ou muito velhos ou menos requintados ou menos ricos e menos poderosos, não nos permitimos ser naturalmente desejáveis e amorosos.

Portanto, não nos deixamos ser amados.

Um corpo maduro ou velho pode ser saudável e harmonioso assim como um corpo jovem pode ser doentio ou disforme. ***Mas compararmos um corpo maduro ou velho a um corpo na plenitude do seu frescor é infantil e cruel.***

Ter mais tranquilidade, mais conhecimento e fortalecer conceitos próprios, em suma, ser um indivíduo, exige reflexão, exige firmeza e individualidade. Mas tais conceitos são antiquados. Fora de moda. Somos constantemente convocados para o que se chama ***aproveitar a vida*** – o que quer que isso queira dizer.

Quando eu era jovenzinha escutava (ainda hoje às vezes) coisas como: "***Não casem cedo, primeiro é preciso aprovei-***

tar! ” Isso valia só para os rapazes: as meninas preparavam-se para ser submissas e gentis. Hoje escuto: “***Não me inventem de ter filhos logo, primeiro aproveitem!***”

Eu mesma não saberia dizer o que penso dessa expressão, até porque não a emprego. O que sei é que ***aproveitar*** não há de ser essencialmente adquirir, comprar, gozar, ter, viajar, dançar, transar, consumir. Tudo isso faz parte, e é ótimo, mas o que será exatamente esse ***aproveitar?***

Para alguns, estar sempre na moda, ainda que o modelo oferecido esteja totalmente além (ou aquém) da nossa mais remota possibilidade. Para outros, ter materiais de consumo que não combinam com seu próprio desejo.

Atrelados como animais indefesos a ideias que nem sequer aprovamos, somos vítimas de fantasias criadas e alimentadas pela mídia, pela indústria, pela moda, pelo comércio – que nos quer vender essas mercadorias iconizadas, valorizadas sobre todas as coisas: ***a beleza do momento e a eterna juventude.***

O horror da diferença física está tão disseminado que não é incomum, indagando sobre alguma pessoa, ouvirmos a resposta no mínimo peculiar (acompanhada de um gesto significativo):

“***Como vai sua filha?***”

“***Está gooooooooooorda!***”

“***E como está Fulano?***”

“***Bom, este está imenso!***”

Não lhes ocorre que posso querer saber se a pessoa está viajando, se teve mais um filho, concluiu os estudos, está doente, ou alegre, que se aposentou, que voltou a se casar.

Nossa obsessão atual é, antes mesmo de dinheiro e posição social, a aparência física. Então viver não é avançar, mas consumir-se e definhar. No entanto, faz parte de crescer que na infância meus ossos se alonguem, que meu sapato não seja mais tamanho 25. Faz parte de crescer que na maturidade o corpo mude e siga se transformando mais.

Faz parte do processo da vida, não da morte, que aos 60, 70, 80 anos meu andar seja menos ágil, minha pele enrugada, meu corpo menos ereto, meus olhos menos brilhantes. Mas ***não faz parte*** que eu me considere descartável e me oculte na sombra sem direito a me movimentar, agir, participar ativamente – dentro de minhas naturais limitações.

"Eu não vou à piscina há muitos anos, imagina se vou deixar alguém ver o meu corpo do jeito que está!"

Procurando-se tal como era vinte ou quarenta anos atrás, quem assim fala terá a sensação de que não existe mais. De que a pessoa do espelho é não uma continuação daquela anterior, mas uma traição da natureza.

INDEPENDENTEMENTE de genética, possibilidades reais, idade, estamos sempre frustrados porque não somos mais louros, mais morenos, mais magros, mais altos, mais atléticos, não temos pele mais lisa, olhos mais sedutores.

Por que razão aceitamos e cultivamos a ideia patética de que só a juventude é boa e bela, com direito de ousar, de renovar, de amar? Direito de ser, de ter espaço?

Boa parte dos nossos sofrimentos (falo dos dispensáveis) vem do fato de ***sermos tão infantis***. Além da dor pelo que não somos fisicamente, sofremos pelo que ainda temos de fazer:

Comprar todos os produtos.

Frequentar todos os lugares da moda.

Sobretudo: nunca sossegar, nunca se contentar, nunca se aceitar.

Parar para pensar, nem pensar: seria doloroso demais.

Isso não é sinal de uma mente inquieta, mas de uma alma precária. Isso não é viver a vida, muito menos ***aproveitá-la.***

Da mesma forma não se para de repente no meio dessa corrida para só então, subitamente, ter a consciência de que se existe como um ser humano complexo, com trajetória e destino.

Não convocamos de repente, segundo nosso capricho, a hora de amar, hora de ser decente, generoso, de refletir, de olhar para dentro de mim e dos que vivem comigo. Hora de me questionar. Hora de mostrar aos filhos algo do que penso, hora de ser, com meu amor, um companheiro e cúmplice leal.

Não funcionamos assim.

Nossas fases não se compartimentam em diques e represas: são fluxo, água corrente. Portanto a hora é sempre. Mas tem de ser natural, ***tem de fazer parte do convívio***, não ser um instante inserido no cotidiano como um corpo estranho quando estamos inquietos ou culpados. O amor que dialoga é um hábito. Se nunca exercido, não produzirá inesperadamente uma fruta madura e boa.

Mesmo na sexualidade, apesar do alarde, da liberação e da incrível multiplicação de informações (a maioria bastante questionável), continuamos muito primários.

Acabamos nos submetendo à obrigação de sermos sexualmente fantásticos (quase sempre mentira e empulhação por insegurança), mas como seres humanos possivelmente seremos precários. Se a mídia me oferece como ser feliz na cama – ou fora dela – em dez lições a preço módico, talvez fosse bom analisar e concluir que isso é engodo, que ***a felicidade amorosa não vem do desempenho, mas da ternura que aprimora e intensifica o desempenho.***

Precisaríamos aprender a lutar contra os modelos absurdos; a descobrir quem sou, do que gosto, como gosto de ser – como fico mais feliz. Isso não está nas revistas, na televisão, nos palpites dos amigos: é íntimo, pessoal, intransferível. Cada um o precisa entender e construir.

A felicidade é assim: cada um, a cada dia, aceita a que o mercado lhe oferece... ou determina a sua.

Perder sem se perder

Foram-se os amores que tive
ou me tiveram:
partiram
num cortejo silencioso e iluminado
O tempo me ensinou
a não acreditar demais na morte
nem desistir da vida: cultivo
alegrias num jardim
onde estamos eu, os sonhos idos,
os velhos amores e seus segredos.
E a esperança – que rebrilha
como pedrinhas de cor entre as raízes.
(***Secreta mirada***, 1997)

Minha amante Esperança

Em plena juventude ela tentou se matar. Despertando no hospital, deparou com uma enfermeira que a interpelou:

– Mas por quê, por quê?

Ela respondeu, sucinta, lúcida, plena de sua própria dor:

– Sem esperança.

Todos conhecemos esses dias sem horizonte à vista. A experiência nos ensina que eles passam, a não ser que estejamos doentes ou sejamos ferrenhos pessimistas por natureza ou formação.

Ser mais ou menos otimista depende de criação, ambiente familiar, disposição genética (ah, a genética da alma...), situações do momento. Claro que ter confiança quando se está contente é fácil.

Mas não somos só nossa circunstância, somos também nossa essência.

O grande pessimista colhe todas as notícias ruins do jornal e manda aos amigos cada manhã; acha que o ser humano não presta mesmo, o mundo é mero palco de guerras e corrupção. O excessivamente otimista acha que a realidade é a das telenovelas e dos sonhos adolescentes, das modas, das revistas, da praia, do clube. O sensato (não o sem graça, não o chato) sabe que o ser humano não é grande coisa, mas gosta dele; que a vida é luta, mas quer vivê-la bem; que existem – além de injustiça, traição e sofrimento – beleza e afetos e momentos de esplendor. Que se pode confiar sem ser a toda hora traído por quem se ama.

Posso ser um pessimista essencial, por natureza ou formação ou circunstâncias. Posso porém estar apenas deprimido.

Para sair de uma fase depressiva há mil recursos à disposição de qualquer pessoa. Terapia, uma bela caminhada, um novo amor, pintar o cabelo, jantar num lugar delicioso, mudar de lugar os vasos do jardim, ver o que acontece nas artes. Ler, refletir, observar o dentro e o fora. Comprar um cachorro, ir ao futebol, planejar uma viagem (pode ser só até ali). Tentar aproximar-se da arte, qualquer que ela seja. Renovar interesses e afetos, cultivá-los.

Mas se eu curto a minha depressão ou minha visão negra de tudo, se com isso pretendo chamar a atenção dos outros ou puni-los (ou a mim mesmo), posso optar pelo eterno descontentamento. Aos poucos ficarei segregado do círculo dos que são os vitais amantes da esperança.

MESMO DEPOIS que os anos devastaram muita coisa (talvez a família, o trabalho, o meu corpo, meus amores), o que foi bom pode permanecer – não sombra ou vazio, mas motivo de voltar a florescer. Arrastar a cadeira para fora da zona de sombra e sentar-me um pouco ao sol. Passado o primeiro horror de alguma perda grave, na treva da impotência e da inconformidade, começam a abrir-se frestas por onde a antiga claridade se derrama no agora.

Essa mesa nessa sala, esse filho e aquele amigo, esse som no piano, o ramo de árvore que a gente pretendia cortar, a calçada onde caminhava há muitos anos – tudo nos convoca: não mais para chorar o passado, mas para projetar no presente aquilo que tendo sido belo não se perdeu.

E a gente vai tomando consciência de que deve também aos amores que teve, aos amigos que quase esqueceu, à casa vendida junto com parte da infância, à pessoa que se foi em todos esses anos, poder viver melhor outra vez. Com outra pessoa ou sozinha, em outra casa, com outros amigos, com novos objetos ou entre os antigos.

Das coisas belas que acabaram nos vêm sempre uma luz e uma capacidade de ver o mais banal com algum encantamento. Essa é a ***secreta mirada*** que todos podem exercer mas que se turva pela pressa, pelo excesso de deveres e a exigência de sermos o que não podemos ser.

Para viver qualquer fase com alegria, viver com elegância e vitalidade, é preciso acreditar que vale a pena. Que existem modos de ser feliz, mais feliz, e podemos persegui-los. Mas essa não é uma caça aos tesouros comprados com dinheiro: é uma perseguição interna, a dos nossos valores, do nosso valor, das nossas crenças e do nosso real desejo.

Quero, preciso, ter esse corpo, essa sexualidade, esses objetos de consumo que os outros exigem de mim – ou fico mais contente sendo como sou, saboreando o que posso adquirir e programando o que posso transformar?

Para decidir isso devíamos abrir em nosso cotidiano um espaço de recolhimento, observação, auto-observação. É preciso ***o silêncio ativo de quem pensa.***

Mas é difícil fugir da convenção social que, se por um lado nos traz uma vasta coleção de livros e cursos que falam de meditação, reflexão, espiritualidade (que também anda se tornando moda...), por outro lado comanda por todos os meios ***que a gente se agite***: é preciso sair, viajar, tem de fazer, frequentar, aparecer.

Tem de ser alegre e atualizado, tem de aparecer, conhecer os lugares da moda, ser chique, viajar, claro – nem tanto para abrir os horizontes, mas para depois poder participar das conversas com os amigos ou conhecidos. O mais novo restaurante, a mais moderna galeria, a loja mais fantástica.

Tem de ser feliz com hora marcada, nos fins de semana, assim como alguns casais precisam se amar (somente) nas tardes de sábado.

NA JUVENTUDE SOMOS aprendizes, somos amadores na vida. Na maturidade devíamos ser bons profissionais do viver; lúcidos e ainda otimistas, mais serenos, de uma beleza diferente, produtivos e competentes.

Mas me disseram que passada certa fase não posso mais mudar de rumo, de casa, de roupa, de lugar. Mesmo na pior relação, nem pensar em me separar, em me apaixonar (ainda que eu seja livre), em ter uma boa vida sexual (ainda que eu seja saudável).

Não teremos escolha, se passamos de "certa idade"? Com o passar do tempo efetivamente passa o "nosso tempo"?

A escolha é nossa, de cada um de nós. Temos escolha, mas somos inseguros. Podemos mudar, mas não acreditamos nisso. Boa parte dessa hesitação vem de fora, de palpites alheios, de propósitos superficiais, de modelos tolos.

Viver e ser feliz não deveria ser assim tão complicado, reclamou alguém. E por que a gente não simplifica ao menos o que pode descomplicar?

Amadurecer deveria ser requintar-se na busca da simplicidade.

Escrevo em meus romances sobre nosso lado obscuro, sobre conflito e drama. Tento desvelar a face trevosa, de perversidade, de autodestruição, de acúmulo de raivas e ressentimento que há no ser humano. Mas não acredito que ele seja principalmente isso. Gosto de gente. Sou solidária com os personagens de ficção que criei com minha imaginação.

Quem não me conhece e me julga, pelos meus livros, um ser distante ou sombrio, engana-se: vive em mim uma incorrigível otimista que acredita em ser feliz. Em renovação, em superação, em sobrevivência – não como resto e destroço, mas como um ser a cada fase inteiro.

Acredito que viver é elaborar e criar: são inevitáveis as fatalidades, a doença e a morte. O resto – que é todo o vasto interior e exterior – eu mesma construo. Sou dona do meu destino. É mais cômodo queixar-me da sorte em lugar de rever minhas escolhas e melhorar meus projetos.

"Como posso ser otimista se minha mãe sofre de Alzheimer e meu marido se aposentou com pouco dinheiro e está em casa deprimido, meu filho não encontra seu caminho... se minhas mãos estão manchadas, o pescoço enrugado, o seio mais caído?"

A gente consegue.

Não necessariamente com novas técnicas sexuais, não com objetos de grife, não no clube da moda ou na praia mais sofisticada: é aqui que aprendo isso. No silêncio de minha casa, de meu corpo, de meu pensamento. Na força de minha decisão, talvez no salto de minha transgressão.

Se aceito a ideia de que tudo se encerra quando acaba a juventude, minha possibilidade de ser alguém válido diminui a cada ano. Essa perspectiva produz inércia e desperdício de talentos que poderiam ser cultivados até o fim, sem importar a idade.

Quando, separada do pai de meus filhos, refiz minha vida com outra pessoa, a frase que mais ouvi de amigos foi:

"***Mas na sua idade a gente ainda pode tentar ser feliz mais uma vez?***"

Eu me espantava:

"***Gente, tenho só 46 anos, não 146!***"

Isso foi aguçando meu interesse pela questão: somos modernos e tão antigos; somos liberados e tão limitados; somos do novo milênio e nem ao menos aceitamos ***com inteligência*** a passagem do tempo e a nossa passagem ***no*** tempo.

Lançadas as nossas bases – a juventude – começamos enfim a crescer. Aprendemos a relaxar, a ter mais humor, a driblar melhor as coisas negativas, a prestar mais atenção ao que se desenrola à nossa volta. A felicidade exige paciência: é soma, acréscimo, conquista e aperfeiçoamento.

NUMA PALESTRA sobre novos interesses na maturidade e na velhice notei que 90% dos frequentadores eram mulheres.

Perguntei a um colega meu da mesa de palestrantes, médico:

"***Onde estão os homens que deveriam estar nesta plateia...?***"

Ele, brincando, devolveu a pergunta:

"***Você já ouviu falar em excursão para viúvos ou palestras para homens?***"

Eu nunca tinha pensado nisso. Por que não existem? Porque há menos homens viúvos, uma vez que morrem antes das mulheres, e os que ficam sozinhos raramente permanecem sozinhos, buscam logo outra companheira? É possível.

Porque boa parte deles, ficando sozinhos, se resignam, se deprimem mais tempo, apoiam-se mais nos filhos? Também.

Porque se ocupam mais com seu trabalho quando não se aposentam precoce e desnecessariamente? Idem.

Serão mais inibidos pela ideia que lhes é imposta de que não se pode mudar, é preciso conquistar e aferrar-se a uma posição, voltar atrás é fraqueza.

Além disso mulheres têm maior capacidade de formar laços, de curtir afetos, de se reunir em grupo. São mais solidárias e mais cúmplices entre si. Talvez com mais capacidade de alegria.

Vejo mulheres viajando sozinhas, em pares ou grupos,
 divertindo-se, conhecendo coisas e lugares, cultivando inte-

resses, travando novas relações, voltando a estudar. Interagindo, progredindo.

Não vejo tantas vezes homens fazendo o mesmo. Viajando em dois ou em grupos, desconheço. Voltando a estudar, raramente. Por que aos 70 anos não se pode fazer uma pós-graduação, por exemplo? Ou entrar pela primeira vez em uma biblioteca pública para ver o que há nos livros? O que se vê de novo nos cinemas?

Seja como for, todos precisamos encontrar uma solução para o inibidor ***medo da passagem do tempo, que é afinal medo de viver***. Preferíamos nem viver para não gastarmos a alma, encolhidos na concha da alienação.

Mas como é que se pode ter vontade, se parece que cada dia a gente perde alguma coisa?

Algo se perde?

Muito se perde.

Tenho hoje uma pequena lista de pessoas que amei que se afastaram ou morreram; se eu chegar aos 80 anos, ela certamente terá crescido. Mas tenho uma doce lista de pessoas que chegaram: não só netos, mas novos amigos de todas as idades. Sem falar nas inovações de técnica que quero conhecer ou utilizar, nas descobertas que tentarei acompanhar, nos livros por ler, nas coisas a fazer.

Outro dia perguntei à minha filha médica se eu não estaria desidratada, porque minha pele estava diferente. Ela olhou, sorriu com esse jeito de mãe com que as filhas nos tratam às vezes e disse com uma graça afetuosa:

– Mãe, você tem 60 anos, né? É só isso.

Rimos juntas, nessa cumplicidade típica de mães e filhas.

Nem por um segundo tive saudade da pele dos meus 20 anos, pois ela era acompanhada de todas as aflições (e delícias) daquela fase, das quais hoje estou poupada.

Olhei bem no espelho, com os óculos de que desde sempre preciso para ler. Verdade: muita coisa mudou. Não estou acabada, estou diferente do que era. Fisicamente estou diversa da menina e da jovem mulher.

O que vou fazer? Me desesperar, me envergonhar, querer voltar atrás? Prefiro me divertir, encarar com senso de realismo que mudei e saber que os que me amam continuam me amando apesar de tudo – ou por causa de tudo.

"***Mas como é possível que algo melhore com a idade***?", me perguntaram com vaga indignação.

Comecei a calcular, meio na brincadeira: eu me divirto muito mais, a começar no trabalho. Escrever, publicar, aguardar críticas e vendas do meu primeiro romance aos 40 anos foi um êxtase e um susto. Hoje, com tantos livros publicados e tantos leitores fiéis, sinceramente não dou mais a mínima. Não preciso mais mostrar serviço; preciso apenas fazer o que faço com mais leveza (nunca menos seriedade), mais alegria. Mais exigências, isso sim, mas sem demasiada tensão.

Nunca me ocorreu ser agressiva em relação aos meus colegas, pois cedo aprendi que em nosso campo de trabalho há lugar para muitos, para todos. Posso me alegrar com o sucesso dos outros sem temer que ele afete o meu pequeno êxito.

Porque sou generosa?

Não: é porque embora muitas vezes me atrapalhe, erre, cometa todas as futilidades imagináveis, não tenho a afobação nem a insegurança dos 20 anos. Nem aquela simpática pontinha de arrogância que faz com que, jovens, pensemos que o mundo é nosso – e nos deve homenagens.

Meu corpo está mudando como está desde que nasci.
 Meu coração se transforma a cada experiência. Mas ainda

palpita, se sobressalta e se assusta. Ainda sou vulnerável ao belo e bom, ao ruim e ao decepcionante, como quando eu tinha 10 anos.

Somos isso: somos essa mistura, essa contradição, essa indagação permanente. Estamos vivos.

Também não pretendo afirmar que maturidade é "melhor" do que juventude, velhice "melhor" do que maturidade: digo que cada momento é ***meu*** momento, e devo tentar vivê-lo da melhor forma possível, com realismo, com sensatez, com um grão de audácia e com toda a possível alegria.

Por dentro ainda sou a menina que se assusta ou diverte com qualquer bobagem que outros nem percebem, entretidos que estão com assuntos mais importantes. Me divido entre devaneio e vida prática, sem saber direito a qual pertenço. Com o tempo entendi que essa indefinição é só aparente, que a ambiguidade me torna sólida. Muita coisa esconjurei em meus romances, aprendi que o bom humor pode ajudar o amor.

Tem algumas vantagens, esse tempo da madureza de que fala o poeta.

Que liberdade não ter mais que decidir caminhos profissionais e afirmar-me neles; parir e criar filhos, comprar casa, apertar orçamentos; temer a vastidão do futuro – e haveria lugar para mim dentro dele?

Muita coisa que em seu tempo foi dramática, hoje é lembrança que me faz sorrir compadecida com aquela que se enrolava em tantas trapalhadas.

Se alguém me amar agora, não será por um belo corpo que fatalmente vai mudar, mas por isto que hoje sou sem disfarces. Nenhuma esplendorosa jovem de 20 anos me ameaça: meu território é outro.

Tive perdas, e se multiplicam com o passar do tempo. Tive ganhos, num saldo que não me faz sentir injustiçada.

Especialmente, não perdi essa obstinada confiança que me impele a prosseguir quando o próximo passo parece difícil demais.

ESTARMOS ABERTOS à renovação e à mudança é estarmos vivos. Independe da fase em que estamos. E se aparecer um novo amor podemos renascer para isso, a qualquer momento. Não precisamos mais criar filhos, estabelecer família (o que eu quis muito, e me deu imensas alegrias).

Cumprimos muitos deveres. Erramos, porque também isso é preciso. Sofremos, porque faz parte.

As crianças que se agarravam à nossa saia hoje são adultos, perto ou longe de nós, mas ainda nossos filhos. A relação materna se enriqueceu e mudou. Podemos até partilhar um pouco com eles quando estivermos vivendo alguma história.

"***Mas que história***?"

"***Sei lá, um novo projeto, uma viagem, um curso, uma amizade, um amor***."

"***Amor? A essa altura***?"

Mães e avós são atuantes, viajando, amando, estudando, sendo simplesmente seres humanos pensantes e capazes até uma idade bastante avançada. Mas em algumas famílias, ai delas se, divorciadas ou viúvas, pensam em ter uma nova relação amorosa.

São as incoerências de uma cultura que evoluiu precariamente: parece moderna, mas continua antiquada e infantil.

"***Não posso namorar, meus filhos iam me matar! Nem pensar, apresentar meu namorado em casa, meus filhos iam me achar ridícula***!"

Vai depender de cada um de nós que sua vida seja território seu ou apenas emprestado, com má vontade, de outros

– mesmo filhos. Que seja campo para correr perseguindo projetos e colhendo vivências, ou cova estreita onde a gente se esconde e aguarda o golpe final.

"*O TEMPO QUE rói e corrói precisa ser reinstaurado*", diz um personagem meu, e acrescento: – ***a nosso favor.***

Perdemos muito tempo tentando iludir o tempo. Fatalmente amadurecemos, mas não nos sentimos mais serenos, nem estamos mais contentes.

"Como é que posso me sentir contente a esta altura, com 50 anos? Aos 60, pior, aos 70, a catástrofe?"

Muitas boas coisas podemos fazer na maturidade, que na juventude não conseguíamos. Faltava-nos disponibilidade, faltavam-nos experiência e liberdade, faltava-nos visão. Estávamos ocupados demais, tensos demais, divididos demais.

Se não houver nada imediato para "fazer", pois geralmente tomamos isso como agir, agitar, correr, inventaremos algo. Pode ser apenas contemplação. Pensar. Ler. Olhar. Caminhar.

Quando menos esperamos, salta à nossa frente algo para "fazer" concretamente.

Até mesmo em lugar de curtir a síndrome do ninho vazio podemos preencher esse vácuo (pois filhos são sempre nossos filhos ainda que não morem conosco) com mil coisas a fazer. Vamos descobrir, quem sabe, que podemos nos expandir e crescer mais livremente sem tantas solicitações dentro de casa. Foram boas, foram alegres, foram estimulantes mesmo e difíceis, mas agora o tempo é outro.

Porém não é tempo nenhum: e isso faz uma grande diferença.

REPENSAR E REFORMULAR-SE pessoalmente fez muitas mulheres na maturidade saírem da sombra para se afirmarem em trabalho, ciência e arte. Quando os filhos cresceram, quando a monotonia se insinuava, notamos que ainda sobrava energia e vitalidade: à frente estendiam-se caminhos inexplorados. Saímos a desvendá-los.

Muitas não se animaram. Muitas ficaram pelo caminho. Muitas perderam o rumo. Uma ou outra sentiu que era preferível ousar a desistir. Mas boa parte alçou voo e produziu, e participou – e floresceu ainda.

No meu caso a insegurança ou a acomodação tinham decretado que eu não escreveria senão crônicas e poemas. O jogo que desde criança me atraía tanto, fazer ficção, parecia vedado: faltava confiança em mim mesma. Faltava a audácia que para algumas pessoas só vem na maturidade ou até depois.

Eu adotara a posição confortável do "***Eu? Imagina***!" que nos exime de muito risco. Intuía que ao escrever romances iria extrair das entranhas personagens dramáticos, evocar medos e dúvidas bem além da minha experiência pessoal – pois falamos por outros, por muitos, por todos. Que estranhas criaturas iriam escancarar os armários onde estavam trancadas – e o que fariam comigo?

Que espaço exigiriam em meu organizado cotidiano?

Por que tirar do sossego inquietações que estavam tão bem arquivadas?

A fatídica "opinião alheia" ainda me constrangia um pouco: escrever e publicar foi um dos últimos exorcismos desse demônio que em mim nunca fora particularmente ativo, mas espreitava lá do seu recanto.

Escrevi aos 40 anos meu primeiro romance: até então não sabia bem para o que servia do ponto de vista profissional. Em casa repetia-se o diálogo:

"Eu não consigo descobrir para o que sirvo do ponto de vista profissional."

"***Então por que não se dedica mais à sua literatura***?"

"***Mas como eu faria isso***?"

"Você vai descobrir."

Descobri. Com dor e dificuldade, acabei encontrando o caminho. E observei que naquele momento da nossa cultura muitas mulheres começavam a crescer como seres humanos e como profissionais mais ou menos naquela idade e com as mesmas vivências.

Percebi que, nisso que provavelmente estava sendo a metade de minha vida, ainda havia muito por fazer. Como tantas mulheres, vi que não era hora de pensar em parar, em temer a menopausa, o futuro, a saída dos filhos de casa ou lamentar a juventude que passava... mas de reestruturar, desenvolver, até iniciar muita coisa nova.

Amadurecer começou ali. E foi uma sequência de descobertas, com muita dificuldade e muita alegria.

Quem me amava me estimulou confiando em mim, e lhe serei sempre grata por isso: pelo amor que, em lugar de prender e controlar, me libertou e me ajudou a crescer.

UMA DAS QUESTÕES, talvez a fundamental, é ***o que e quanto nos permitimos***. A tendência é de nos permitirem pouco e de entrarmos nessa onda do: a esta altura? na sua situação? mas você acha mesmo que...?

Minha amiga divorciou-se, e ao ficar sozinha comprou um apartamento grande, iluminado, onde poderia morar confortavelmente uma família inteira.

Em lugar de aplaudir, de a estimular, muitas pessoas se espantavam:

"***Mas pra que você, sozinha, num apartamento tão grande?***"

E por que, estando só, ela deveria se acomodar num lugar pequeno – como se já não merecesse espaço? É como dizem às mulheres quando os filhos se foram e quem sabe o marido morreu:

"***Está doida, onde se viu, morar sozinha naquele casarão?***"

Mas por que (a não ser por questões reais de segurança, por exemplo) não se pode continuar morando numa casa grande para receber filhos, netos e amigos, e fazer festas – ou porque se aprecia?

O espaço interior é necessário para a permanente recriação de si. São os aposentos que deveriam ser os mais generosos e iluminados. Ali poderíamos analisar nosso trajeto feito, conferir nossos parâmetros, repensar os amores vividos e os projetos possíveis.

Porém nesta nossa cultura do barulho e da agitação somos impelidos a ***fazer*** coisas, promover coisas, não a refletir sobre elas: precisamos de eventos, roteiros e programas, ou nos sentimos como quem fica de fora e para trás.

Porém na verdade o que nos revigora é sossegar, entrar em nós, refletir. Nada se renova, inova, expande e se faz de verdade sem um momento de silêncio e observação. Depois disso podemos, devemos, querer e ousar.

Não nos salva o enquadramento medíocre e burocrático das almas documentais, mas o vasculhar corajoso dentro de si para encontrar o material essencial, e abraçado a ele saltar, às vezes até mesmo sem rede nem garantia.

Não é necessário estar em todos os lugares para participar dos milagres e eventuais desconsertos de viver. Mesmo quieta em sua sala ou na mesa de trabalho, a gente pode existir, plenamente, conscientemente, validamente.

Mais de uma vez, devido ao mito do escritor que ainda escreve à mão e detesta novidades, jornalistas me perguntaram o que eu acho da internet, da net, do computador, do celular, da tecnologia e dos avanços da ciência.

Andar de avião é melhor do que ir de carroça; comunicar-me por e-mail com uma pessoa amada várias vezes ao dia – e tendo condições de fazer isso – é melhor do que escrever uma carta a cada duas semanas. Proteger uma criança com uma vacina é melhor do que deixá-la exposta à varíola, à caxumba, ao sarampo e à hepatite.

Embora seja questão de gosto e hábito, e usar da caneta possa ter seu charme, eu há muitos anos não me imagino escrevendo e traduzindo à mão. O computador é o servo gentil e eficientíssimo que facilita meu trabalho.

Não faz sentido optar por ficar mais isolada se tanta coisa se oferece na minha porta, na minha televisão, no meu computador... a não ser que eu prefira me encolher na pequenez do meu aposento interior sem janelas e talvez sem porta.

Há quem goste de se fechar numa caverna.

É uma escolha, e você a pode fazer. Mas, por favor, não esfrie o ambiente ao seu redor com os vapores de sua alma gélida.

Resumindo: ***primeiro***, o progresso vem para ficar. Nadar contra a correnteza é no mínimo um desconforto inútil, pode parecer arrogante ou burro. ***Segundo***, é melhor olhar as coisas do ângulo positivo. Nunca as pessoas se comunicaram tanto: amigos que jamais se escreveriam cartas (obsoletas as cartas, não?) se "falam" diariamente no e-mail. Pessoas que estariam na amarga solidão fazem novas amizades no chat. Amantes separados podem curtir um tipo novo de "presença". O universo está à nossa disposição: mais recentes descobertas genéticas, livros de que aqui nem ouvimos falar ainda. Posso visitar os grandes museus, ler sobre cada obra, aproximar de minha vista cada detalhe. Posso conhecer cidades remotas, ouvir música, jogar xadrez. A escolha é quase infinita. O lixo e o luxo das culturas estão ali para mim.

"***E o que a senhora acha de namorar ou até fazer sexo na internet?***"

Como somos infantis, como são infantis alguns de nossos questionamentos. Simpáticos, por isso mesmo. Respondo que não há de ser mais original do que faziam ou fazem escondidos os rapazinhos de outros tempos ou destes de agora com revistas especializadas.

Damos importância excessiva a todos esses preconceitos, detalhes, pudores, censuras, quando há tanto para se deslumbrar. No vasto mar do vasto mundo – no qual as tecnologias não são boas nem más: dependem do seu uso.

O gregário usará o computador para contactar pessoas, pesquisar, abrir-se para todo um universo. O deprimido vai querer se isolar mais. O psicopata exercitará suas grandes ou pequenas manias.

FINALMENTE, DEPOIS de tantas peripécias parece que ao menos do ponto de vista cronológico amadurecemos.

Parece que chegamos a um patamar confortável. Superamos dores, cumprimos tarefas, já realizamos coisas que seriam impensáveis na juventude.

Agora é recostar-se para trás e traçar projetos de liberdade: uma viagem, um novo curso, os livros para ler, as dores para esquecer, os amigos a encontrar. Mexer nas minhas plantas. Abrir as persianas e vibrar porque a manhã está deslumbrante e temos uma hora para caminhar nas ruas onde andamos há muitos anos: cada folha, cada muro é um conhecido íntimo – e também isso é bom.

Mas a velha inquietação, duendezinho matreiro, espia e bota a língua de fora. E agora, e agora? Vai ser só isso, essa calmaria?

Tememos, quem sabe, que daqui em diante tudo se resuma a esse conforto interior no qual se aninham lembranças, tudo desenovelado e resolvido... pensamos.

A tarefa de viver nunca se conclui, a não ser que a gente determine. O sonho e o susto sopram em nosso ouvido quando tudo parece apaziguado. Logo a certeza de ter enfim chegado a um ponto imutável de acomodação começará a vacilar.

Algo novo se posta junto da poltrona onde talvez estivéssemos inocentemente vendo televisão. Uma palavra ouvida, uma frase lida, um rosto novo, um velho conhecido, um quase nada nos toca. Saímos do gostoso torpor, botamos a cabeça fora do casulo para ver melhor.

Podemos optar:

Vou ficar dormindo.

Vou até a próxima esquina ver o que acontece.

Esse momento define a continuação de uma existência em movimento ou cristalizada, afinada ou fora de sintonia.

Essa possibilidade de escolher assusta, mas é apenas um sinal de que estamos embarcados, estamos em movimento e em transformação.

Mesmo agora aquela nossa bagagem de tendências inatas, influência alheia e experiências vividas vai determinar como serão os próximos anos. E, atenção: isso acontece a qualquer instante – se ainda não estivermos empalhados.

"***O que há com você?***", perguntam os amigos.

"***Você parece tão bem!***", dizem os colegas.

"***Ouvi você cantando no banheiro!***", comentam os filhos.

Aos poucos esse novo sopro de ar, que pode ser um projeto, um trabalho, uma viagem, uma amizade nova ou um amor, vai se delineando melhor. Sua voz é clara e chama o nosso nome.

Talvez a gente nem compreenda ainda, mas a sorte – que prepara as armadilhas boas e ruins onde fatalmente cairemos porque estamos vivos – sorri acenando com ***a nossa nova amante: a vida.***

O futuro pousa outra vez na nossa mão.

Carta a um amigo ***que não tem e-mail:***

Você vai me achar meio louca e intrometida com este bilhete que será longo. Terei de mandar por mensageiro (ainda bem que não tem de ser mensageiro a cavalo entre dois castelos distantes...) em lugar de lhe passar imediatamente como anexo de e-mail. Pois você, embora podendo, ainda se recusa a ter um computador, detesta toda a sorte de modernismos e acha que ***seu tempo passou.***

Sonhei esta noite com você sozinho e desolado numa enorme casa deserta num terreno ermo. Depois, na mesma casa, agora rodeada de árvores e flores, você organizava uma reforma: marteladas, gente preparando comidas deliciosas, amigos reunindo-se para uma festa. Você tinha me dito que jamais permitira nenhuma reforma em sua casa, tudo devia ficar como fora trinta anos atrás. Onde se viu nunca reformar nada na casa, ou na gente mesmo?

Achei o sonho tão simbólico que resolvi lhe contar.

Você é um homem bom, culto, refinado, deprimido e resignado. Alguns laivos de bom humor mesmo na depressão mostram que vai sair dessa – se quiser.

Vou lhe dar umas ideias que você vai considerar petulantes, mas peço que pense nelas. Não vêm de uma mocinha tola e sim de uma mulher que já andou pelo reino das sombras e voltou.

Não tenha pena de si mesmo. Você não é vítima de nada. Você diz que ficou chocado ao perceber que tinha "perdido o bonde porque não estava preparado, não estava atento aos sinais". Então saia desse distanciamento, mergulhe de cara, entregue-se. Se for preciso, dê um salto mortal: pode ser uma última oportunidade.

Mudar é difícil, ousar mais ainda. Eu sei. Houve momentos em que ao acordar pensei:

"*Posso viver ainda uns vinte, trinta anos na situação em que estou agora. Quero continuar assim como estou?*" No mínimo uma nova postura interior dependia inteiramente de mim: o resto viria por acréscimo. Nem sempre o realizei. Nem sempre acertei. Porém mexer-se é melhor do que continuar na areia movediça na qual quanto mais ficamos mais estamos presos.

Em geral as coisas práticas que podemos fazer para inovar são simples.

Dependem de uma atitude interior aliada a possibilidades concretas como dinheiro e gosto. Para uma mulher doméstica, arrumar armários, botando fora uma porção de velharias inúteis, ou alterar a posição dos móveis a seu gosto – ainda que os outros da casa reclamem – pode ser um começo. Pra você, eu diria, por exemplo (correndo intencionalmente o risco de lhe parecer incrivelmente fútil): compre um computador. Entre na internet pra pesquisar, descobrir ou se divertir e informar. Fique ligado.

Escolha o que há de positivo na modernidade. Pra que ficar de fora com ar tristonho? Há coisas belíssimas a serem saboreadas. Novidades não ruins por serem novas, mas, filhas do progresso, são as maravilhas da nossa tecnologia, ferramentas interessantes, motivação de se tornar mais inteiro e mais participante.

Procure conhecer alguns lugares que você diz abominar por serem "da moda". Não quero sugerir que vá a uma danceteria, mas a um desses locais simpáticos, novos, onde se come bem e se veem pessoas bonitas. Enclausurar-se não ajuda ninguém, muito menos a você mesmo.

Não se boicote suportando calor apenas porque acha que "ar condicionado é ruim para a saúde". Se fosse assim, metade da população de Europa e Estados Unidos, onde a calefação é uma constante, estaria morta.

Conheço profissionais da sua área, velhos, velhos mesmo, que ainda atuam ou apenas se informam e se atualizam por puro prazer. Quem sabe você poderia ter um retorno? Não é verdade que uma profissão "largue a gente". É sempre a gente que ficou no ar, desatento. Às vezes isso pode ser recuperado.

Planeje uma bela viagem. Use seu tempo e dinheiro (já que você tem ao menos o suficiente) para sua alegria. A vida é uma mesa posta: tem venenos mortais e deliciosos pratos que dão prazer. Há os que escolhem veneno, e os que pegam as delícias. Espero que você não ache que prazer é impossível ou ruim.

Eleja o positivo. ***Queira ser um pouco feliz***, entusiasme-se por alguma coisa dentro de suas condições – mas fora de seu pessimismo.

Ou, se nada disso for possível porque esse é ***seu jeito*** e sua opção, pelo menos não me queira mal por este bilhete que não foi senão um alô, talvez uma falta minha de... ***jeito***.

Velhice, por que não?

Para Vovó a beleza foi um tormento, porque o tempo não se detinha e desde moça seu maior pavor era perder aquele bem supremo. Olhava-se nos espelhos procurando uma primeira ruga, uma primeira dobra. Uma primeira manchinha.

Quando chegou aos 60 anos quase morreu de dor, andava pela casa gritando:

– Eu odeio fazer 60 anos! Eu não aguento fazer 60 anos!

Não adiantava as pessoas dizerem que parecia nem ter 40, tão conservada. Argumentavam com ela:

– Tente imaginar que você está conquistando a maturidade em vez de perder a juventude; e que um dia vai ganhar a velhice em vez de perder a maturidade. Não é muito mais natural pensar assim?

Mas Vovó não aceitava, para ela o natural não era natural:

– Eu odeio pensar que estou ficando velha. Não aceito, não aceito, pronto.

As primeiras cirurgias leves tinham-lhe feito bem: removeram um traço amargo, um sinal de cansaço prematuro. Depois seu médico lhe disse:

– Vamos deixar a natureza agir um pouco e o corpo descansar. Não abuse.

Ela então foi procurar outros médicos, que faziam suas vontades. Desafiando o indesafiável e excedendo seus limites, foi entrando no irreal.

Mas as ilusões não continham mais o tempo, e o costurado voltava a descoser. Minha Avó foi-se isolando. Apartou-se

das amizades, deixou as festas, não gostava mais de ninguém. Começou a delirar reclamando que todo mundo a apontava nas ruas, nas lojas, nos restaurantes: lá vai aquela velha.

Cada vez mais difícil de lidar e conviver, exigia o que ninguém podia lhe dar: o tempo congelado. Aos poucos foi sendo devorada por dentro também.

O rosto de minha Avó, de tanto ser remendado, foi se tornando outro. Mudou o olho, mudou o nariz, mudou o queixo, mudou até a orelha. No fim nada mais nela era dela.

(O ponto cego, 1999)

Se quisermos congelar o tempo e nos encerrarmos nesse casulo, estaremos liquidados antes mesmo que a juventude acabe. Seremos a nossa ficção. A realidade continuará à nossa volta, e um dia vamos descobrir que estamos fora dela.

Para alguns essa será a crise salvadora. Acabou a invenção de um "nós" fantasmal.

Se ainda quisermos viver, não vegetar na prateleira da nossa fantasia, teremos de encontrar nessa aflição o que restou de nossa personalidade. Pois ela é quem vai nos dar consistência e capacidade de crescer até o último raio de lucidez.

Assim se pode ter controle, não sobre o tempo, mas sobre o quanto ele vai nos favorecer ou aniquilar.

Para entender que maturidade e velhice não são decadência mas transformação, temos de ser preparados para isso. Dispostos a encarar ***a existência como um todo***, com diversos estágios, variadas formas de beleza e até de felicidade. Acreditar que com cuidado e sorte poderemos ser atuantes mesmo décadas depois: isso tem de ser conquistado palmo a palmo.

Porém já na infância nos preveniam de que logo adiante algo de mau nos esperava:

"***Quando tiver a minha idade, você vai ver***", diziam mães, tias, avós.

"***Aproveite agora que é criança, quando crescer acaba a festa***!", aconselhavam com laivos de despeito.

"***Estou muito velha pra essas coisas***", protestavam na hora de se divertir ou alegrar.

Existir no tempo nos foi mostrado como uma corrida infausta: cada dia uma perda, cada ano um atraso. Quem não teve seus momentos de querer nunca crescer para não enfrentar aquelas vagas ameaças?

Sendo contraditórios – por isso interessantes –, não é estranho que na época em que mais vivemos se fuja tanto disso que se convencionou chamar ***velhice***. E por imaginarmos que nossas últimas décadas são apenas decadência, reforçamos o tabu que reveste essa palavra.

Palavras significam emoções e conceitos, portanto preconceitos. Por isso quero falar de minha implicância com a implicância que temos com os vocábulos – e a realidade – ***velho, velhice***.

Detestamos ou tememos a velhice pela sua marca de incapacidade e isolamento. É algo a ser evitado como uma doença. Não deixa de ser tolo encarar o tempo como um conjunto de gavetas compartimentadas nas quais somos jovens, maduros ou velhos – porém só em uma delas, a da juventude, com direito a alegrias e realizações. Pois a possibilidade de ter saúde, projetos e ternura até os 90 anos é real, dentro das limitações de cada período.

Quando não pudermos mais realizar negócios, viajar a países distantes ou dar caminhadas, poderemos ainda ler, ouvir música, olhar a natureza; exercer afetos, agregar pessoas, observar a humanidade que nos cerca, eventualmente lhe dar abrigo e colo.

Para isso não é necessário ser jovem, belo (significando carnes firmes e pele de seda...) ou ágil, mas ainda ***lúcido***. Ter adquirido uma relativa sabedoria e um sensato otimismo – coisas que podem melhorar com o correr dos anos. ***Mas predomina a ideia de que a velhice é uma sentença da qual se deve fugir a qualquer custo – até mesmo nos mutilando ou escondendo. No espírito de manada que nos caracteriza, adotamos essa hipótese sem muita discussão, ainda que seja em nosso desfavor. Isso se manifesta até na pressa com que acrescentamos, como desculpa:*** "Sim, você está, eu estou, velho aos 80 anos, mas... ***jovem de espírito***."

Por que ser jovem de espírito seria melhor do que ter um espírito maduro ou velho?

Ter mais sabedoria, mais serenidade, mais elegância diante de fatos que na juventude nos fariam arrancar os cabelos de aflição, não me parece totalmente indesejável. Vou detestar se, ficando velha, alguém quiser me elogiar dizendo que tenho espírito jovem.

Acho o espírito maduro bem mais interessante do que o jovem. Mais sereno, mais misterioso, mais sedutor.

Assim como não gostei quando certa vez pensando me agradar um crítico escreveu que embora sendo mulher eu escrevia "com mão de homem". A literatura feita por uma mulher não precisa se socorrer desse aval "mas ela escreve como um homem" para ser boa.

Visitei uma artista plástica de quase 90 anos que pinta telas de uns vermelhos palpitantes. E eu lhe disse:

"Seus quadros celebram a vida."

Ela respondeu junto do meu ouvido, brilho nos olhos:

"Eu os crio para mim mesma, para me divertir."

Seu rosto enrugado e seu corpo já encurvado emanavam uma alegria de viver que me causou a mais confessável das invejas. Por um instante desejei ter chegado, enfim, ao mesmo patamar – onde muitas coisas pelas quais hoje luto e sofro fossem uma celebração tranquila.

Uma mulher de 60 anos me pegou pelo braço, me levou para o canto e sussurrou:

"***Por que decretaram que mulheres da nossa idade estão acabadas?***", e tinha lágrimas nos olhos.

"***Não sei***", eu disse, "***mas nem você nem eu estamos acabadas, tenha certeza disso. Mudou meu corpo mas eu ainda sou a mesma***".

Minha interlocutora era uma bela mulher com filhos independentes e boas amizades. O buraco em sua alma era o da autoestima, porque uma sociedade tola não lhe dava o direito de sentir-se plena e impunha mesmo à sua mente ativa e capaz o conceito de que agora valia bem menos do que aos 40 anos. E a cada ano, a cada dia, valeria ainda menos.

"***Eu daria tudo, mas tudinho, por ter a cabeça de agora... no corpo dos meus 30 anos!***", ouvimos.

"***Trato bem ao meu corpo, esse grande gato***" escreveu uma poeta com essa sensatez dos artistas e das pessoas simples. "***Afinal até aqui ele me serviu, e cada dia gosto mais dele, do jeito que está ficando.***"

Gostar de seu velho corpo com sua necessidade de cuidados e de amor, de mais treinamento para que funcione direito, de paciência porque nem sempre é como lembro que foi um dia, é uma forma de felicidade que a experiência pode ensinar.

HÁ POUCAS DÉCADAS alteraram-se nossos prazos e os conceitos sobre juventude, maturidade e velhice. Passamos a viver mais. Nem sempre passamos a viver melhor. Esse me parece um dos mais extraordinários desperdícios da nossa época.

Minhas avós, muito mais jovens do que sou agora, me pareciam – e deviam se sentir – velhas: lentas e vagamente reumáticas, roupa escura, cabelo grisalho, óculos na ponta do nariz, fazendo doces ou tricô. Verdade que minhas avós eram vistas seguidamente com livro na mão – lia-se muito na minha casa. Mesmo assim para nós, crianças, eram velhas damas. Inimaginável que tivessem sido meninas e jovens mulheres. "Vovó transou alguma vez, pelo menos para ter o papai e a titia", era uma ideia escatológica. Pai e mãe tendo vida amorosa na remota era em que se casaram já nos parecia estranho.

Hoje as avós dirigem seu carro, viajam, jantam fora com amigas, namoram, usam computador e de modo geral parecem muito mais felizes do que as damas de antigamente.

Mas, ambíguos como somos, por outro lado mais que nunca viceja o repúdio à velhice.

Lembro uma propaganda de televisão mostrando uma mulher idosa de xale nos ombros, rosto murcho e desolado, vagando por um corredor. Abria portas e contemplava os quartos vazios onde sua fantasia fazia ecoar a voz dos filhos, do marido. Era a imagem da pobre velha abandonada que perdeu tudo – porque perdeu a juventude.

Não vejo por que em lugar desse sinistro teatro da velhice não se poderia transformar um quarto de filho em salinha de televisão, em ateliê para pintar ou fazer cerâmica, em quarto de hóspedes para convidar alguma amiga a passar o fim de semana... em quarto para os netos.

Por que, se um aposento não tem mais utilidade direta, não terei mais direito a ele?

Mesmo que minha casa não esteja movimentada como anos atrás, por que devo me transferir para algum espaço

 menor – a não ser que eu realmente queira e decida assim

por ser mais prático, mais razoável? Jamais por achar que não preciso, ou pior: não mereço, nem adiantaria mais.

Somos seres humanos completos em qualquer fase, na completude daquela fase. Custa-nos acreditar nisso na velhice, como na adolescência era difícil termos confiança em nós e em nossas escolhas quanto ao futuro.

Com direito e dever de procurar interesses e revisar outros, ter alegrias e prazeres, sejam eles quais forem. Posso na velhice não ser um atleta na cama nem mesmo ter atração pela vida sexual, mas sou capaz de exercitar minha alegria com amigos, minha ternura com família, meu prazer em caminhadas, em jardinagem, em leitura, em contemplação da arte.

Porém, numa sociedade em que sucesso e felicidade se reduzem a dinheiro, aparência e sexo, se somos maduros ou velhos estamos descartados. Cada dia será o dia do desencanto. Em lugar de viver estaremos sendo consumidos. Em vez de conquistar estaremos sendo, literalmente, devorados pelos nossos fantasmas – ***na medida em que permitimos isso.***

Essa é a nossa possibilidade, a nossa grandeza ou a nossa derrota: viver com naturalidade – ou experimentar como um súbito castigo dos deuses – os novos 70 ou 80 anos.

Algumas pessoas parecem tombar subitamente da juventude impensada para a velhice ressentida. Foram apanhados desprevenidos. Nunca tinham pensado. Estavam desatentos. Triste maneira de percorrer isso que é afinal o milagre da existência.

Imaginamos enganar a máquina do tempo, e suas engrenagens nos atropelaram em lugar de nos impulsionar. Para quem só pensa nos desencantos da maturidade, ***eu falo no encanto da maturidade***. Para quem só sabe da resignação da velhice, ***eu lembro a possível sabedoria da velhice.***

É preciso seguir em frente com o meu tempo. Mas qual é, onde está, em que lugar ficou... ***o meu tempo***?

Nossos ouvidos estão cheios de refrões, como: "***Meu tempo já passou***", "***eu não devo***", "***onde já se viu***"... Perder nos deixa vulneráveis, com medo de que isso se repita. De que o amado nos esqueça, de que o outro morra, de que a graça se apague, a festa acabe. Não queremos essa repetição, não queremos mais perder nada – preferimos nem ganhar coisa alguma.

Mas se escutarmos bem nosso interior, ali está a voz persistente dos momentos alegres e das belas experiências dizendo-nos que viver ainda é possível. Faz uns pequenos sinais discretos, que até demoramos a entender.

Uma de minhas mais queridas amigas tem quase 90 anos, e espero pelo fim de semana para tomar com ela, em sua casa aconchegante, o uísque dos fins de tarde de domingo. Sempre temos assunto. Ela sabe de tudo, é informada, é interessada. Não fala preferencialmente de sua saúde, que já não é a de dez anos atrás. Comenta coisas de jornal, política, música. Pergunta pelos amigos. Já não vai ao cinema, mas, como é grande leitora, há mil assuntos para se falar.

Ela gosta de rir e nos divertimos muito.

Pensando nela e em outras pessoas assim, questiono se ter 80 anos ou mais será realmente uma condenação ou se pode ser o coroamento de uma vida. ***Verdade que para haver um "coroamento" é preciso uma estrutura razoável para ser "coroada"***. Generosa, de conquistas, de perdas mas igualmente de elaboração e acúmulo. Vivida com gosto e dor, com afetos bons e outros menos bons.

O prato luminoso do positivo mais pesado do que o das coisas escuras.

"***E DA JUVENTUDE, o que você diz?***", me indagam.

Não preciso falar tanto dela porque é cantada e louvada em todos os meios de comunicação, em todos os salões, em todos os quartos. Ela é deslumbramento e aflição, crescimento e inépcia, angústia e êxtase como todos os nossos estágios – apenas tudo ali está condensado em intensidade e brilho.

Mas não acho que só ela vale a pena, só ela nos avaliza.

Como não defendo a idéia de que a maturidade e a velhice sejam melhores. São diferentes. Com seus lados bons e ruins. Idade não dá aval de bondade e graça.

O velho sempre bonzinho é um mito, a velhinha doce pode ser comum nos livros de história, mas na realidade é muito diferente. Eventualmente o velho pode ser um algoz, exercendo sobre a família a famosa tirania do mais fraco, do doente, da criança mimada.

Algumas pessoas, envelhecendo, se tornam insuportavelmente exigentes, lamuriosas, difíceis de conviver. Apegadas a um passado com bens, presenças, aparência e atividades que não podem mais ter, não se conformam.

Nem sempre o velho fica isolado porque os filhos são ingratos. Muitas vezes ele é que afasta os demais, com sua permanente crítica a tudo e a todos, suas exigências de atenções nem sempre possíveis. Na reduzida família nuclear de agora, em que em geral marido e mulher trabalham, os filhos são poucos, uma empregada custa caro – a assistência ao velho torna-se difícil se ele for dependente. Boas clínicas são raras e dispendiosas. Grave problema para todos. Cada família o resolverá como puder, em geral com sacrifício financeiro e ônus emocional.

"***O problema dos velhos é que lhes falta o que fazer, faltam interesses***", a gente diz, como se fosse uma inevitabilidade. Não é inevitável. Por que o velho não pode ter ***a sua***

vontade enquanto for independente, enquanto tiver lucidez – maior de todos os bens desde que não signifique apenas lucidez da dor física?

Na idade avançada os interesses não precisam ou não podem ser os de antes: atividade, trabalho, dinheiro, viagens, conquistas. A certa altura ***mudam as possibilidades mas não se anula a pessoa.*** O bem-estar e a alegria residem nas coisas mais triviais: esse é um dos aprendizados que o tempo nos dá. Por isso mesmo, a essa altura ***é mais simples ser feliz.***

Novos afetos são possíveis em qualquer idade: sempre se podem estabelecer novos laços com pessoas, coisas, lugares, interesses. Nem mesmo amor, ternura e sensualidade são privilégio dos moços.

Mas muitas vezes não lhes permitem, aos velhos, a mínima independência, ainda que ela seja totalmente viável:

"***Que ideia, mãe, sair à rua sozinha***!"

"Papai. Você está doido, morar sozinho? Viajar sozinho, ir sozinho ao restaurante? Na sua idade..."

Essa é a sentença condenatória: na sua idade, na minha idade. Não perdemos (alegria, saúde, amores): nós os roubamos de nós mesmos. E nos boicotamos adotando frases comuns, como essas:

"Estou velha, minhas mãos ficaram feias, não vou usar mais meus anéis."

"***Para que comprar um terno novo, se estou velho? Quantas vezes ainda o vou usar***?"

"Para que comprar vestido novo, para que pintar a casa, para que reformar o sofá, se estou velho?"

Então está decretado que os velhos usam calças largas demais, sapatos cambaios, cabelo descuidado e sentam no sofá puído. Seria bom perguntar em que medida eles mesmos dão força aos rótulos sobre sua idade, adequando-se a esse clichê, ainda que lhes custe muito. Ainda que tivessem outra opção.

O tempo tem de ser sempre o meu tempo, para realizar qualquer coisa positiva e plausível – ainda que seja mudar de lugar a cadeira (até a de rodas) e ver melhor a chuva que cai.

Uma velha senhora mora sozinha mas curte as amizades, a família, livros e músicas, a natureza. De vez em quando abre uma garrafa de champanhe e faz um brinde, sozinha (não chorosa): a coisas boas que teve, coisas boas que tem e uma ou outra que ainda pretende viver.

Um dia lhe manifestei minha admiração por isso.

Com um sorriso entre tímido e divertido ela respondeu que sempre havia o que celebrar.

Era um privilégio estar viva tendo consciência disso e sem graves problemas de saúde. Poder apreciar a luz da manhã, o aroma da comida, o perfume das pessoas. Comunicar-se, saber das notícias, que podiam ir do esporte à música, à política, ao... que eu quiser. Participar ainda.

Me enterneceu essa visão positiva de uma mulher ficando velha. Sua idade não era o ponto de estagnação, mas de fazer tranquilamente coisas que antes não podia. Não tinha mais de cumprir tantos deveres nem realizar tantas expectativas.

"***Acho que as pessoas são mais condescendentes comigo***", ela disse com um sorrisinho malicioso. "***Devem pensar 'ela está velhinha, coitada' e assim eu posso finalmente respirar fundo e ser mais... natural.***"

Certa vez li uma história mais ou menos assim:

Uma jovem corria para ficar em forma. Passou por uma velhinha que cuidava de seu jardim na frente da casa e gritou ao passar:

– ***Vovó, se eu fosse magra como você, não precisaria ficar aqui correndo desse jeito!***

A velhinha a fez parar com um sinal, aproximou-se dela e lhe disse sorrindo:

– ***Filha, quando a gente fica velha como eu, tudo é mais fácil. A gente pode até se aposentar e gostar de cuidar das rosas.***

Mas se sonharmos apenas com a viagem à Lua, cuidar das rosas pode parecer tedioso demais, e não cultivaremos coisa alguma.

A vida é sempre a nossa vida, aos 12 anos, aos 30 anos, aos 70. Dela podemos fazer alguma coisa mesmo quando nos dizem que não. Dentro dos limites, do possível, do sensato (até alguma vez do insensato), podemos. Só seremos nada se acharmos que merecemos menos de tudo que ainda é possível obter.

Luto e renascimento

A equipe de psicólogos e psicanalistas que trabalha em um grande hospital me pede uma palestra sobre ***perdas.*** A perda de uma pessoa amada ou a perda da própria saúde, e a proximidade imediata da morte.

Que lhes podia dizer, a eles, competentes profissionais que enfrentavam diariamente os rios de dor, medo, esperança e morte que afluem a um grande hospital? Nisso todos eles, mesmo os jovens, tinham muito mais experiência do que eu.

Então procurei ser simples. Falar das naturais dificuldades em lidar com qualquer perda.

Primeiro, não queremos perder.

É lógico não querer perder. Não deveríamos ter de perder nada: nem saúde, nem afetos, nem pessoas amadas. Mas a realidade é outra: experimentamos uma constante alternância de ganhos e perdas, de que este livro procura falar.

Segundo, perder dói mesmo.

Não há como não sofrer. É tolice dizer "não sofra, não chore". A dor é importante, também é o luto – desde que isso não nos paralise demasiado por demasiado tempo para o que ainda existe em torno de nós.

Terceiro, precisamos de recursos internos para enfrentar tragédia e dor.

O apoio dos outros, o abraço, o ouvido e o colo, até a comida na boca são relativos e passageiros. A força decisiva terá de vir de nós: de onde foi depositada a nossa bagagem. Lidar com a perda vai depender do que encontraremos ali.

Se crescem árvores sólidas ou apenas alguma plantinha rasteira, teremos muito ou pouco com que nos nutrir e em que nos apoiar. A tragédia faz emergir forças insuspeitadas em algumas pessoas. Por mais devorador que seja, o mesmo sofrimento que derruba faz voltar a crescer.

Para outros, tudo é destruição. No seu vazio interior sopra o vento da revolta e da amargura. A perda os atinge como uma injustiça pessoal e uma traição da vida.

Sob o golpe da notícia de uma doença grave, ao saber que se pode morrer em breve ou perder a pessoa amada, a gente bate a cabeça contra uma parede alta e fria. Não falo só dos dolorosos rituais da enfermidade e da morte. Falo do que é ainda mais sério: ***não ver mais sentido em nada. Porque até o dia da perda vivemos sem pensar.***

Corremos desnorteados no tempo em que tínhamos, sem refletir e quem sabe sem valorizar isso que agora perdemos: uma pessoa, a saúde, amor, posição, tudo. Se vivemos superficialmente, na hora de meter as mãos em nosso interior encontramos desolação.

Não acho que todos devêssemos ser filósofos, eremitas ou fanáticos de nenhuma religião. Não acredito em poses e posturas. Não acredito nem mesmo em muita teorização sobre a vida, a morte, a dor. Mas acredito em afetos e tenho consciência de que somos parte de um misterioso ciclo vital que nos confere significação. E que dentro dele, sendo insignificantes, temos importância.

Essa é uma das razões por que maturidade e velhice têm segredos, beleza e virtudes que antes não se manifestavam tão plenamente.

NESSE DEBATE sobre perdas observei como lidamos mal com a dor uns dos outros. Em nossa cultura estar alegrinho e parecer feliz é quase um dever, uma questão de higiene, como tomar banho e estar perfumado.

Mas às vezes a gente tem de se permitir sofrer – ou permitir que o outro sofra.

Todos nós, amigos, família, terapeutas, médicos, sentimos duramente nossa própria limitação quando alguém sofre e não podemos ajudar. Em certos momentos é melhor não tentar interferir, apenas oferecer nossa presença e atender se formos chamados. Que o outro saiba que estamos ali.

Mas não (se) permitir o prazo normal de dor é irreal. Quando é hora de sofrer não teremos de pedir licença para sentir – e esgotar – a dor.

Sofrimento, pobreza, doença, abandono, morte – são ameaças, corpos estranhos numa sociedade cujos lemas parecem ser: agitar, curtir, não parar, não pensar, não sofrer.

A dor incomoda.

A quietude perturba.

O recolhimento intriga e incomoda os demais: "***Ele deve estar doente, deve estar mal, vai ver é depressão, quem sabe um drinquezinho, uma nova amante, um novo namorado...***" Para não se inquietarem, para não terem de "parar para pensar", ou apenas porque nos amam e nosso sofrimento os perturba, a toda hora nos dão um empurrãozinho:

"Reaja, vamos, saia de casa, para de chorar, bote um vestido bonito, vamos ao cinema, vamos jantar fora."

Também para isso haverá uma hora certa. O luto é necessário – ou a dor ficará soterrada debaixo de futilidade, sua raiz enterrando-se ainda mais fundo, seu fogo queimando nossas últimas reservas de vitalidade e fechando todas as saídas.

Não vou me alegrar jantando fora quando perdi meu amor, perdi minha saúde, perdi meu amigo, perdi meu emprego, perdi minha ilusão... perdi algo que dói, seja o que for.

Então, por um momento, uma semana, um mês ou mais, ***me deixem sofrer.***

Permitam-me o luto no período sensato. Me ajudem não interferindo demais. O telefonema, a flor, a visita, o abraço, sim, mas por favor, ***não me peçam alegria sempre e sem trégua.***

Se não formos demais doentes nem perversos, a dor por fim se consumirá em si mesma. Se soubermos escutar o chamado – que pode ser até mesmo um bilhete amigo.

Alguma coisa positiva vai nos fazer dar o primeiro passo para fora da UTI emocional em que a perda nos colocou. Um dia espiamos para o corredor, passamos da UTI para um quarto, finalmente olhamos a rua e estamos de novo em movimento.

Ainda estamos vivos, ainda em processo, até morrer.

A perda do amor pelo fim do amor, por abandono ou traição, supera toda a nossa filosofia de vida, nossos valores, independe de nós.

Nada conforta, nada consola. Como o outro está ainda ali, vivo, talvez com outra pessoa, nossa mágoa e nosso sentimento de rejeição se misturam à inconformidade e às tentativas, eventualmente danosas, de recuperarmos quem não nos quer mais.

Uma mulher, rejeitada pelo amante, insistia em que ele a consolasse. "***Só com você posso falar de nós***", dizia. A dor a fazia ferir-se ainda mais. Foi preciso passarem mais tempo e mais mágoas para ela finalmente se desprender de quem a tratava como quem chuta um balde, irritado com o pedido impossível da que sofria.

Muitas vezes, mais do que sonhávamos, um novo amor nos aguarda. Quando ele não aparece e se esgota o tempo, embora sempre seja tempo de amar – mesmo com 80 anos –, aprendemos que há outras formas de amar. Não substituem mas iluminam: amigos, família, alguma novidade, um interesse.

Quem sabe perder nos faça amar melhor isso que só nos será tirado no último instante: a própria vida.

Perda de saúde se compensa com lenitivos ou melhoras que a medicina traz. Perda de dinheiro ou emprego podem ser remediados, ainda que exijam novos limites e condições. Perda da juventude tem a ver com o quanto somos vazios ou o quanto são estreitos nossos horizontes.

Mas a perda do amor levado pela morte é a perda das perdas.

Ela nos obriga a andar por cenários do nosso interior mais desconhecido: o das nossas crenças, nossa espiritualidade, nossa transcendência em suma. Aprender a perder a pessoa amada é afinal aprender a ganhar-se a si mesmo, e ganhar, de outra forma – realmente assumindo –, todo o bem que ela representava (mas no cotidiano a gente nem se dava conta).

Uma amiga querida viveu uma experiência semelhante à de tantas mulheres dedicadas: acompanhar a longa doença de quem um dia foi belo e atraente e bom, foi senhor de si. Mas agora se deteriora aos poucos, sente pavor, quer viver, luta entre otimismo impossível ou desalento patético.

Podemos chorar com ele ou usar a máscara da serenidade. Falar, calar, contestar – às vezes fugir –, cada caso é absoluta e intimamente especial.

O enfrentamento final não é um fato inesperado, muito menos isolado. É apenas o último de uma longa série de fatos concretos e de conquistas interiores: cada um ***fez o seu caminho*** – no sentido literal.

Passamos pelo suplício da pompa e circunstância de velório e enterro (sobretudo de quem fica exposto ao público), e sobrevém esse estranhíssimo, mais doloroso aspecto da morte: ***o silêncio do morto.***

Não há palavra amiga nem gesto que possam ajudar. É preciso esperar a ação do tempo – que não é apenas um devorador de dias e horas, mas um enfermeiro eficiente.

"***Você escreve obsessivamente sobre a morte, por quê?***", pergunta o jornalista.

Não, eu não escrevo obsessivamente sobre a morte, mas sobre a vida.

Da qual ela faz parte.

Como é inexato que eu seja, na minha literatura, derrotista ou amarga. Para quem souber ler, tudo o que escrevo é repassado de solidariedade pelos meus personagens, que não são pessoas reais mas inventadas; de um intenso amor e uma indiscutível esperança.

Escrevo sobre coisas que existem e são maravilhosas e outras que são tremendas, e algumas que poderiam ser melhores. Escrevo sobre o amor e a vida em todas as formas. Assim também necessariamente falo na morte.

Fazendo aqui um pouco de literatura, posso dizer que a morte é que escreve sobre nós – desde que nascemos ela vai elaborando conosco o nosso roteiro. Ela é a grande personagem, o olho que nos contempla sem dormir, a voz que nos convoca e não queremos ouvir, mas pode nos revelar muitos segredos.

O maior deles há de ser: ***a morte torna a vida tão importante***!

Porque vamos morrer, precisamos poder dizer hoje que amamos, fazer hoje o que desejamos tanto, abraçar hoje o filho ou o amigo. Temos de ser decentes hoje, generosos hoje... devíamos tentar ser felizes hoje.

A morte não nos persegue: apenas espera, pois nós é que corremos para o colo dela. O modo como vamos chegar lá é coisa que podemos decidir em todos os anos de nosso tempo.

O melhor de tudo é que ela nos lembra da nossa transcendência.

Somos mais que corpo e ansiedade: somos mistério, o que nos torna maiores do que pensamos ser – maiores do que os nossos medos.

Quando se aproxima dessa zona do inaudito, o amor tem de se curvar: com dor, com terror, submete-se a essa prova maior. Começa a ser ternura; aproxima-se de alguma coisa chamada permanência.

Se acreditamos que viver é só comer, trabalhar, transar, comprar e pagar contas, a morte da pessoa amada será desespero sem remissão. Não nos conformamos, não acreditamos em mais nada.

Mas se tivermos alguma visão positiva do todo do qual faz parte a indesejada, insondável mas inevitável transformação na morte, depois de algum tempo o amado acomoda-se de outro jeito em nós: continua parte da nossa realidade.

Está transfigurado, porém ainda existe.

"***Com o passar dos anos dói menos***", disse-me um amigo que há trinta anos perdera uma filha ainda criança.

Conheço um pouco a Senhora Morte. Duas vezes a Bela Dona me pegou duro, me cuspiu na cara, me jogou no chão. Foi-se a cada vez um pedaço importante de mim. Mas como em certos animais, as partes perdidas se refizeram, diferentes – não me sinto mutilada, embora a cada dia sinta em mim aqueles espaços vazios que não voltarão a ser ocupados.

Aprendi que a melhor homenagem que posso fazer a quem se foi é viver como ele gostaria que eu vivesse: bem, integralmente, saudavelmente, com alegrias possíveis e projetos até impossíveis.

A MATURIDADE ME ENSINOU coisas boas e belas (nem sempre aprendi bem a lição). Espero que a velhice, quando chegar, me ensine ainda mais, e me encontre mais receptiva.

Reaprendi algo da infância que havia esquecido nas correrias com família e profissão. Como todas as crianças – se não as estorvarmos demais –, eu gostava de ficar sozinha, quieta e totalmente feliz olhando figuras de um livro, escutando o vento e a chuva ou as vozes da casa.

Passamos a temer a solidão em adultos, talvez porque a sentimos como isolamento, esse que também ocorre numa casa habitada. Vamos perdendo a capacidade de sermos integrados com o universo, mesmo o minúsculo universo de um pedaço de jardim ou quarto de criança. E nos privamos do necessário recolhimento que algumas vezes nos reabasteceria com o combustível da reflexão, do silêncio e do sentimento mais natural das coisas.

Nesta casa de agora, afetos essenciais me povoam. Não há isolamento. Amigos de qualquer idade também vêm me ver. Alguns por assuntos triviais e alegres. Outros por angústias severas com as quais na juventude eu certamente não saberia lidar. Na maior parte das vezes não sei o que lhes dizer, nenhuma sugestão, nenhuma frase brilhante. Mas talvez sintam que a esta altura vi, vivi, ouvi, observei muita coisa.

Pouco me espanta.

Quase nada me choca.

Tudo me toca, me assombra e me comove: o mais cotidiano e o mais inusitado. Tudo forma o cenário e o caminho.

Que a maturidade me fez amar com menos aflição e quem sabe menos frivolidade – não menos alegria.

COMO NÃO SOU incapacitada, quando é preciso também viajo sozinha. Entro em restaurante sozinha, dirijo meu carro sozinha. Ainda há mulheres que, quando combinamos um almoço ou um jantar, me esperam na porta do restaurante porque não conseguiriam entrar sem companhia. E não falo de desamparadas donas de casa sem cultura, nem de camponesas que nunca entraram em um restaurante.

Não é natural uma mulher madura ter medo de entrar sozinha num restaurante. Não é natural proibir-se de viver por causa da opinião alheia. Não é natural envergonhar-se de amar, desejar, em qualquer idade. É inatural não ter mais projetos aos 70 anos.

O essencial é que a que estou vivendo seja ***a minha vida***: não aquela que os outros, a sociedade, a mídia querem impor. Que ela seja desdobramento e abertura. Que neste universo de mil recursos e artifícios, de artefatos e inovações fantásticos, de agitação e efervescência, eu consiga ainda ter o meu lugar, aquele onde me sinto bem, onde estou confortável – não adormecido.

Onde eu possa ainda acreditar: não faz muita diferença em quê, desde que não seja unicamente no mal, na violência, na traição, na corrupção, no negativo.

Para que o argumento da nossa história seja o de uma viagem de reis: não um bando de ratos assustados correndo atrás de seus próprios reflexos num labirinto espelhado.

Tempo de viver

Se houver um tempo de retorno,
eu volto.
Subirei, empurrando a alma
com meu sangue
por labirintos e paradoxos
– até inundar novamente o coração.

(Terei, quem sabe, o mesmo ardor
de antigamente.)

(***Mulher no palco***, 1984)

O tom de nossa vida

Eu quis escrever um livro pequeno e prático sobre a permanente reinvenção de nós mesmos.

Nele eu disse – antes de tudo para mim mesma: não sejamos demasiadamente fúteis nem medrosos, porque a vida tem de ser sorvida não como uma taça que se esvazia, mas que se renova a cada gole bebido.

Enquanto houver lucidez é possível olhar em torno e dentro de nós: um intervalo que seja entre a correria do cotidiano, os compromissos, o shopping, a tevê, o computador, a lanchonete, a droga, o sexo sem afeto, o desafeto, o rancor, a lamúria, a hesitação e a resignação.

Refletir é transgredir a ordem do superficial.

Mas se eu estiver agachado num canto tapando a cara não escutarei o rumor do vento nas árvores do mundo – que eu sempre quis tanto entender mesmo por um só dia, quem sabe o último dia. Nem saberei se o prato das inevitáveis perdas pesou mais do que o dos possíveis ganhos.

SOMOS INQUILINOS de algo bem maior do que o nosso pequeno segredo individual. ***É o poderoso ciclo da existência.*** Nele todos os desastres e toda a beleza têm significado como fases de um processo.

Estamos nele como as árvores da floresta: uma é atingida em plena maturidade e potência, e tomba. Outra nem chega a crescer, e fenece; outra, velhíssima, retorcida e torturada, quase pede para enfim descansar... mas ainda pode ter dignidade e beleza na sua condição.

Nestas páginas falei da passagem do tempo que aparentemente tudo leva e tudo devolve como as marés, mas que só nos afoga na medida em que permitimos. Falei do tempo que faz nascer e brotar, porém é visto como ameaça e sofrimento – o tempo que precisa ser domesticado para não nos aniquilar.

Falei de perdas e ganhos que dependem da perspectiva e possibilidades de quem vai tecendo a sua história.

Anunciei que precisava encontrar aqui o tom para dialogar com o leitor, assim como todos buscamos o tom segundo o qual queremos – ou podemos – existir.

Pode ser um tom que nem é o nosso, mas falso, imitado; um tom desafinado porque superficial, ou harmonioso por brotar da alma, raiz de nosso desejo, o nosso jeito, a nossa inteira possibilidade.

Talvez a gente não o encontre nunca.

Algumas pessoas não conseguem seguir seu ritmo pois nem escutam nem compreendem, ocupadas em tapar o sol com a peneira. Outras o descobrem e acompanham os seus movimentos: alegre, sereno, apaixonado, solene, trágico, tedioso e de novo alegre. Não dançam com o espantalho dos preconceitos e ilusões, mas com ***sua amante – a vida.***

Escutar o tom positivo é mais fácil aos 40 anos do que aos 20, aos 60, mais ainda. Imagino que aos 80 tenhamos suficiente silêncio e espaço interior para que ele baixe, se instale e cante.

Volto ao início deste livro, como gosto de fazer:

O mundo em si não tem sentido sem o nosso olhar que lhe atribui identidade, sem o nosso pensamento que lhe confere alguma ordem.

Viver, como talvez morrer, é recriar-se a cada momento. Arte e artifício, exercício e invenção no espelho posto à nossa frente ao nascermos. Algumas visões serão miragens: ilhas de algas flutuantes que nos farão afundar. Outras pendem em galhos altos demais para a nossa tímida esperança. Outras ainda rebrilham, mas a gente não percebe – ou não acredita.

A vida não está aí apenas para ser suportada ou vivida, mas elaborada. Eventualmente reprogramada. Conscientemente executada.

Não é preciso realizar nada de espetacular.

Mas que o mínimo seja o máximo que a gente conseguiu fazer consigo mesmo.

Termino o livro e fecho o computador sabendo que por mais que os escritores escrevam, os músicos componham e cantem, os pintores e escultores joguem com formas, cores e luzes, por mais que o contexto paralelo da arte expresse o profundo contraditório sentimento humano, embora dance à nossa frente e nos convoque até o último fio de lucidez, o essencial não tem nome nem forma:

é descoberta e assombro, glória ou danação de cada um.

fim

ATENDIMENTO AO LEITOR E VENDAS DIRETAS

Você pode adquirir os títulos da BestBolso através do Marketing Direto do Grupo Editorial Record.

- Telefone: (21) 2585-2002
  (de segunda a sexta-feira, das 8h30 às 18h)
- E-mail: mdireto@record.com.br
- Fax: (21) 2585-2010

Entre em contato conosco caso tenha alguma dúvida, precise de informações ou queira se cadastrar para receber nossos informativos de lançamentos e promoções.

Nossos sites:
www.edicoesbestbolso.com.br
www.record.com.br

EDIÇÕES BESTBOLSO

Alguns títulos publicados

1. ***Paula***, Isabel Allende
2. ***Baudolino***, Umberto Eco
3. ***O diário de Anne Frank***, Otto H. Frank e Mirjam Pressler
4. ***O caso do hotel Bertram***, Agatha Christie
5. ***O segredo de Chimneys***, Agatha Christie
6. ***O poderoso chefão***, Mario Puzo
7. ***A casa das sete mulheres***, Leticia Wierchowski
8. ***O primo Basílio***, Eça de Queirós
9. ***Mensagem***, Fernando Pessoa
10. ***O grande Gatsby***, F. Scott Fitzgerald
11. ***Suave é a noite***, F. Scott Fitzgerald
12. ***O silêncio dos inocentes***, Thomas Harris
13. ***O diário de Bridget Jones***, Helen Fielding
14. ***Toda mulher é meio Leila Diniz***, Mirian Goldenberg
15. ***Os 7 minutos***, Irving Wallace
16. ***Uma mente brilhante***, Sylvia Nasar
17. ***O príncipe das marés***, Pat Conroy
18. ***O buraco da agulha***, Ken Follett
19. ***O jogo das contas de vidro***, Hermann Hesse
20. ***Acima de qualquer suspeita***, Scott Turow
21. ***Fim de caso***, Graham Greene
22. ***O poder e a glória***, Graham Greene
23. ***As vinhas da ira***, John Steinbeck
24. ***A pérola***, John Steinbeck
25. ***O cão de terracota***, Andrea Camilleri
26. ***Ayla, a filha das cavernas***, Jean M. Auel
27. ***Getúlio***, Juremir Machado da Silva
28. ***Fera de Macabu***, Carlos Marchi
29. ***O pianista***, Władysław Szpilman
30. ***Doutor Jivago***, Boris Pasternak

EDIÇÕES
BestBolso
Este livro foi composto na tipografia Minion Pro, em corpo 10,5/13, e impresso em papel off-set no Sistema Digital Instant Duplex da Divisão Gráfica da Distribuidora Record.